문성후 박사의 **말하기 원칙**

문성후 박사의
말하기
원칙
All That
Speaking

문성후 지음

나만의 말하기 스타일을 찾는 가장 확실한 방법

21세기북스

차례

prologue

말하기에 관한 빈틈없고 빠짐없는 안내서   8

1장

원칙① 준비와 자각

말을 시작하기 전에 알아두어야 할 기본 원칙

01 주제를 고정하고 전달 방법을 찾아라   17

02 한 문장에 하나의 메시지만 담는다   26

03 이기기 위해 무례하게 말하지 않는다   36

04 비언어를 섞어 효과적으로 대화하라   46

05 적절한 공간 거리가 소통의 시작이다   56

2장

원칙② 요약과 각인

말뜻을 효과적으로 전달하는 말하기 원칙

01 말 욕심이 실수를 유발한다   69

02 시간을 버리지 않도록 핵심만 말하라   77

03 거절할 때는 미안함을 드러낸다   86

04 말은 겹치지 않고 빠짐없이 하라   96

05 오감을 통합한 멀티 모드   106

     프레젠테이션을 한다

3장   원칙③ **공감과 격려**

공감화법으로 신뢰를 쌓는 말하기 원칙

01 공감하는 태도로 심리적 안정감을 주어라   119

02 듣기 편한 말하기가 공감력을 높인다   128

03 동기를 유발하는 칭찬과 격려 말하기   138

04 말하기 전에 상대의 TPO를 배려하라   147

05 훌륭한 리더의 코칭 대화법   157

4장 원칙④ **해결과 모범**
감정을 활용해 설득력을 높이는 말하기 원칙

01 극단적으로 말하지 않는다   **171**

02 청중의 기억에 남는 말하기 습관   **181**

03 스토리텔링으로 설득하고 이해시켜라   **190**

04 조언할 때는 경험과 감정을 공유하라   **200**

05 리더가 지켜야 할 말하기 원칙   **210**

5장 원칙⑤ **정제와 존중**
나만의 스타일을 완성하는 말하기 원칙

01 말 잘하는 사람은 보이게 말한다   **223**

02 최적의 대안을 찾는 협상을 하라   **232**

03 뒷담화에서 빠져나와라   **242**

04 말실수를 했다면 그 자리에서 사과한다   **252**

05 나만의 스타일로 말한다   **263**

epilogue
당신만의 말하기 원칙을 만들어야 한다   **272**

**말하기에 관한 빈틈없고
빠짐없는 안내서**

불쑥 찾아온 4차 산업 혁명. 모든 게 다 손가락 하나로 편리하게 구현된다. 손가락 하나만 움직이면 음식이 배달되고, 택시를 부르고, 영화도 보고, 책도 읽을 수 있다. 내가 밖에 나가지 않아도 비대면 서비스로 모두 해결할 수 있다.

그런데 스마트폰이 대신해주지 않는 게 있다. 바로 사람을 만나는 일이다. 보고 싶지 않은 고객, 상사, 친구, 선후배를 스마트폰이 대신 상대해주면 좋겠지만, 오늘도 그것만은 내가 직접 해야 한다. 막상 그 자리에 나가면 내가 할 수 있는 거라고는 핑계를 대고 빨리 자리를 뜨거나 스마트폰을 바라보는 것밖에 없다. 자리에서 일어설 수도 없고, 스마트폰도 못 본다면 할 수 있는 것은 하나, 말하는 것뿐이다.

그런데 마주 보고 대화를 하라니 막막하다. 메시지로 보내면 쉬운 대화도 막상 얼굴을 보면 무슨 말을 해야 할지 모르겠다. 말이 너무 많다고 할까 봐 말을 못 하겠고, 말을 하다가 실수할까 봐 말을 못 꺼내겠다. 또 괜한 말을 했다가 오해를 살까 봐 말하기가 망설여지고, 말솜씨가 없는 게 들킬까 봐 말 걸기가 두렵다. 사람과 마주 앉아 말하는 자리가 편해졌으면 좋겠다.

I Case ① 사회생활 생존

말을 잘하려고 스피치 학원도 다녀봤고, 강의도 들어봤다. 그런데 생각보다 말이 잘 늘지 않는다. 말을 잘 못 하니까 회사에서도 자주 혼나고. 나만 호구 되는 것 같고 손해 보는 것 같아서 맘이 상한다. 게다가 일을 열심히 한 나보다 일도 못 하는 옆 팀 동료가 말을 잘한다는 그 이유만으로 승진한 것 같다. 그리고 분명히 상사가 잘못해놓고 말로 요리조리 빠져나가서 결국 나만 나쁜 평가를 받은 적도 있었다. 또 내가 혼자 열심히 한 일에 갑자기 후배가 끼어들어 말 몇 마디 하자 두 사람이 같이 이뤄낸 성과가 되어버린 일도 있었다. 억울한 일이 한둘이 아니다. 직장에서 할 말 좀 하면서 적어도 말로는 손해 보지 않고 살았으면 좋겠다.

| Case ② 보여주기 실력

내일은 투자자 앞에서 프레젠테이션을 하는 날이다. 만약 내일 있는 피칭을 망치면 회사는 문을 닫을지도 모른다. 그런데 그동안 열심히 기술만 개발했지 막상 투자자에게 어떻게 우리 기술을 설명해서 투자를 받을지 생각해본 적도, 연습해본 적도 없다. 나는 기술만 좋으면 금방 투자자가 나타나서 알아서 딱딱 투자해줄 거라고 생각했다. 그런데 스타트업 선배들의 얘기를 들어보니 결국 사업의 성패는 투자를 받느냐 못 받느냐에 달렸다고 한다. 이럴 줄 알았으면 진즉 말 잘하는 앱이라도 개발해서 투자자를 대신 설득하게 시킬 걸 그랬다. 앞으로도 계속 투자자들을 만나야 하는데 공들여 개발한 우리 기술이 제대로 평가받았을 수 있도록 멋진 피칭을 하고 싶다.

| Case ③ 인간관계

다음 주에 새로운 모임에 나가기로 했다. 모두 처음 만나는 사람들이라 일단 서로 인사하고 자기소개도 해야 한다. 그리고 모임에 왜 왔는지, 어떤 경로로 모임을 알게 되었는지, 무슨 일을 하는지 등을 물어볼 거 같다. 가취관(가벼운 취향 위주의 관계)을 추구하는 '나'이지만, 그래도 말을 전혀 안 할 수는 없다. 그날 모임 후 술자리도 있을 예정이라고 한다. 모임만 참석할까 아니면 술자리도 갈까 고민 중이다. 만약 술자리를 간다면 처음 보는 사람들과 무슨 얘기를 해야 하나 걱정이다. 처음 만난 사람과도 부담 없이 웃으며 말을 잘하고 싶다.

2017년 미국 코넬대학교의 바네사 본스(Vanessa Bohns) 교수 등의 연구에 따르면, 누군가를 설득할 때 이메일을 주고받는 것보다 한 번이라도 얼굴을 보고 말하는 것이 자그마치 34배 더 높은 효과가 나타났다. 이런 논문을 통해 설명하지 않아도 지금 시대를 살아가는 우리에게 말하기는 꼭 필요한 기본기이다.

말이 경쟁력인 시대이다. 대한민국은 말에 관해서 특히나 엄격하고 예민한 나라이다. 우리나라는 고맥락 문화인 만큼 모두가 말에 예민하고 세대의 변화, 저맥락 문화의 유입, 소셜 미디어의 활성화 등에 따라 모든 사람의 말에 사회가 더욱 집중하고 있다. 잦은 말실수로 비판받는 사람이 늘고 있는 모습만 봐도 알 수 있다. 말하기를 정교하게 훈련받거나 연습하지 않으면 소셜 미디어에 올린 말 한마디로 큰 위기를 겪게 될 것이다. 영국 속담에도 내 말은 입 밖으로 나가면 타인의 소유가 된다고 했다.

앞으로는 누구든 말하기를 배워야 한다. 우리나라와 같은 고맥락 문화에서 어떻게 오해 없이 정확하게 말을 할 수 있는지 배워야 한다. 흔한 스피치 기술 말고, 말하기를 배워야 한다. 말하기는 단순히 말재주가 아니며 아는 것이 많다고 해서 말을 꼭 잘하는 것도 아니다. 그렇다고 발음이나 발성으로 해결되지도 않는다.

말하기는 결국, 여러분이 가진 콘텐츠를 어떻게 잘 전달하느냐가 관건이다. 말하기는 상대를 이해시키고 설득시켜서 동의를 얻어내는 것이 목적이다. 따라서 말투가 세거나 말솜씨가 현란할 필요는 없다. 말은 무기나 창처럼 공격하는 도구가 아니기 때문이다. 말은 상대를 존중하되 여러분이 다치지 않고 의견을 잘 표현하게 해주는 갑옷이나 방패에 가깝다.

말은 할수록 좋아지기 때문에 계속해봐야 한다. 그러기 위해서 처음에 말을 거는 방법과 말을 듣는 방법을 알아야 한다. 또 여러분의 말이 듣는 이에게 어떻게 해석되는가도 생각해야 한다. 말은 사람의 지성을 자극하기 때문에 말을 논리적으로 구성하는 법을 알아야 하고, 동시에 감성에 호소하기 때문에 사람의 심리도 알아야 한다. 그뿐만 아니라 사람도 잘 알아야 한다. 여러분 자신과 상대를 잘 파악해야 한다. 결국, 말하기는 인간관계로 완성된다고 할 수 있다.

이 책에는 말을 잘하는 방법의 이론적인 이해를 돕기 위해 심리학 이론, 커뮤니케이션 논문, 실제 사례를 담았다. 그리고 24년 간 직장 생활을 한 필자의 진솔한 에피소드와 곱씹을 만한 한마디 격언들도 함께 담아 내용을 풍성하게 구성했다. 이 한 권에 말을 잘 못 해서 생기는 일상의 자잘한 고민부터 직장에서 맞닥뜨린 커다란 고민까지 해결해줄 '말하기 원칙'이 모두 담겨 있다. 이 책이 언제 어떤 상황에서도 말을 잘하고 싶은 여러분을 위한 빈틈없고 빠짐없는 안내서가 되길 진심으로 바란다.

여러분과 말을 나누고 싶어 말을 글로 쓴,

문성후

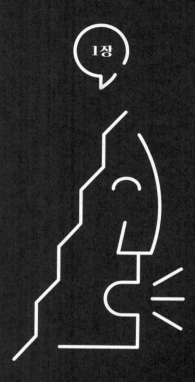

원칙 ①

준비와 자각

말을 시작하기 전에 알아두어야 할 기본 원칙

...

말하기에서는 준비 운동만큼 마무리 운동도 참 중요하다. 나는 취미 삼아 필라테스를 하는데, 필라테스는 늘 마무리 운동을 한다. 마무리 운동은 내가 했던 동작 중에서 혹시나 무리가 갔을 만한 동작에 반대되는 동작으로 몸의 균형을 다시 잡아주는 움직임이다. 이처럼 말하는 사람은 자신이 했던 말 중에 아쉽거나 너무 한 방향에 쏠려있다고 생각되면 다시 균형을 잡아야 한다. 그러려면 처음부터 무슨 말을 해왔는지 자각하고 있어야 한다. 그래서 스스로 옳은 트랙을 밟아 말을 잘하고 있는지 의식하여 말을 마무리해야 한다. 세상 모든 일이 그렇듯 말하기에서도 시작과 끝은 항상 중요하다. 그리고 시작이 좋아야 끝이 좋다. 그래서 말하기는 준비가 필수다.

01 | 주제를 고정하고 전달 방법을 찾아라

말하기는 수영과 비슷하다. 수영하는 사람은 일단 물에 들어가면 앞뒤로 팔다리를 휘젓고 호흡을 맞추며 전진한다. 일단 물속에 들어가고 나면 그다음부터는 수영장 반대 벽에 도착할 때까지는 멈추지 않고 전진해야 한다. 그렇지 않으면 뒤따라오는 사람에게 방해가 된다. 수영을 못 하겠으면 걸어서라도 가든지 아니면 물 밖으로 나와야 한다. 갑자기 유턴해서 역주행할 수는 없다. 역주행하면 부딪힌다.

말하기도 마찬가지이다. 일단 말을 시작하고 나면 앞으로 죽죽 나아가야 한다. 갑자기 방향을 바꾸면 오던 사람과 부딪힌다. 수영에서 물길을 비켜주듯이 말하기도 말길을 비워주어야 한다. 수영과 말하기는 이렇게 비슷하다.

그러고 보면 말하기의 시작은 물에 풍덩 뛰어드는 다이빙 같다. 우리는 어릴 때부터 수영하기 전에는 꼭 준비 운동을 하라고 배웠다. 갑자기 찬물에 들어가면 심장에도 안 좋고 다리에 쥐가 날 수 있으니 준비 운동을 하고 들어가도록 배웠다. 그런데 우리는 말하기에 뛰어들기 전에는 말하기 준비 운동을 하지 않는다.

스피치 학원에 가면 말을 하기 전에 입을 풀고 혀를 움직이는 방법을 배운다. 입안에 바람을 가득 넣었다가 빼기도 하고, 혀를 위아래로 움직이며 말할 준비를 한다. 하지만 이것은 그냥 입을 푸는 준비 운동이지 말을 하기 위한 준비 운동은 아니다.

우리는 말하기 전에 먼저 생각을 해야 한다. 무슨 말을 할지 곰곰이 생각하고 말을 해야 한다. 입만 풀고 발성만 준비한다고 말하기의 준비가 끝난 것이 아니다. 아무리 말을 많이 해보았고 잘하는 편이어도 늘 말은 준비하여야 한다. 말하는 사람은 자신의 경험과 순발력에만 의존해선 안 된다. 말을 잘하는 사람이란 그저 능변가가 아니고 중요한 말, 필요한 말을 정확하게 전달하는 사람이다.

늘 준비된 말하기를 한다면 자신을 효과적으로 드러낼 뿐 아니라 말로 주변에 영향력을 미치게 된다. 반대로 준비하지 않고 말하면 말의 긴장감도 없이 중언부언하거나 하고 싶은 말만 쏟아내게 된다.

말하기 측면에서 보면 꼰대란 '준비하지 않고 나오는 대로 말하는 사람'이다. 다시 말해 꼰대는 말하는 시간은 긴데 맥락은 없이 말하는 사람이다. 말 실력은 실전 경험에서만 나오는 것이 아니다. 말은 준비할수록 잘하게 된다. 결국, 지식이 많은 사람도, 말을 빠르게 내뱉는 사람도 말 준비를 열심히 한 사람을 이길 수 없다. 그래서 말하기는 늘 준비해야 한다.

●   말하기 준비의 핵심,
                                   주제와 전달

말하기 준비란 무엇일까? 말을 준비한다는 것은 말하기 전에 '오늘의 주제는 무엇이고, 어떻게 전달할 것인가?'를 미리 생각하고 연습하는 것이다. '내가 무슨 얘기를 하다 여기까지 왔지?'는 준비 없이 말을 시작했다는 방증이다.

말을 잘하고 싶다면 주제를 고정해두고 그 주제를 어떻게 흥미롭게 전달할지 고민해야 한다. 말하기에는 늘 주제가 있다. 그래서 우선 말의 주제를 마음속에 고정해두는 것이 필요하다.

말하기의 주제란 말하는 사람과 듣는 사람이 꼭 나누고 싶은 이야기이다. 주제가 고정되면 이제 여러분의 말에 힘을 붙일 전달 방법을 찾아야 한다. 주제에 따라 서로에게 이해시키고 전달하는 방법은 얼마든지 다를 수 있다. 외국어나 고사성어를 섞어 쓸 수도 있고, 비유나 은유를 쓸 수도 있고, 시를 읊을 수도 있고, 멋진 격언을 가져다 쓸 수도 있다. 주제에 부합하는 구체적인 사례나 격언을 사용하면 말하는 사람은 흐름을 타고 편하게 말할 수 있고, 듣는 사람은 상대의 말을 편하게 수용할 수 있다.

말을 잘하려면 말하기의 맥락 속에서 활용 가능한 적절한 사례를 찾아 '말 창고'에 넣어두는 것이 좋다. 사례나 격언들은 중심 메타포를 바탕으로 일관성을 가지고 핵심을 전달할 수 있는 무기이다. 상징성이 큰 메타포나 수용력이 높은 격언을 인용하면 말하는 사람은 말의 양에 관계없이 말에 질적인 힘을 더할 수 있다. 이 말 창고 역시 준비의 산물이다. 주제를 고정하고 아주 쉬운 비유를 섞어 말하면 여러분의 말이 상대에게 더욱 잘 전달된다.

'준비 없이 하는 말은 듣는 사람도 불편하지만 하는 사람도 결국 제풀에 지쳐 핵심을 전달하지 못한다'는 얘기를 하고 싶다면 어떤 비유가 좋을까? 준비 없는 말하기를 막춤과 비교해서 설명하면 이해하기 쉽다.

'막춤을 추는 사람을 보면 보는 사람도 불편하지만 막춤을 추는 본인도 결국 빨리 지치게 됩니다. 준비 없는 말하기는 막춤과 같습니다. 준비 없이 말하면 상대는 듣기 불편하고, 본인도 금방 내용이 바닥나는 거죠'라고 말하면 훨씬 머릿속에 심상화가 잘 된다.

이러한 심상화나 인용은 미리 준비해야 한다. 말을 즉석에서 제조하면 종종 불량식품이 되고 만다. 옷을 멋지게 입는 사람이 마치 멋 부리지 않은 것처럼 입기 위해 사실은 나가기 전에 수십 번 갈아입어 보듯이 말을 잘하는 사람들도 알고 보면 미리 많은 준비를 한다. 그들은 어떤 비유를 할지, 어떤 단어를 사용할지, 어디서 말을 멈출 것인지 등 수십 번의 연습과 준비를 통해 아주 자연스럽게 보이게 할 뿐이다.

말하기를 준비하는 다양한 방법들

말하기를 준비하는 것은 아주 오래전부터 강조됐다. 영국 뱅거 대학교 언어학과 명예교수이자 저명한 언어학자인 데이비드 크리스털(David Crystal)은 『힘 있는 말하기』에서 고대부터 설득력 있는 훌륭한 연설을 하려면 다음과 같은 5가지 규칙을 지켜야 한다고 했다.

- 착상(Inventio 인벤티오): 말하고 싶은 것을 골라라
- 배열(Dispositio 디스포시티오): 어떤 순서로 말할 것인지 정하라
- 표현(Elocutio 엘로쿠티오): 어떤 식으로 말할 것인지 선택하라
- 암기(Memoria 메모리아): 말하고 싶은 것을 모두 외워라
- 발표(Pronuntiatio 프로눈티아티오): 이제 말하라

이렇듯 이미 고대에서부터 말하기에 앞서 '말하고 싶은 것을 고르고, 순서를 정하고, 말할 것을 선택하고, 말하고 싶은 것을 모두 외운 후 말하라'며 준비에 4단계를 둘 만큼 강조되어왔다. 대중연설 전문가 캐더린 볼만(Kathleen Vollman)은 말하기를 준

비하고 연습하는 요령을 다음처럼 제시했다.

"얼마나 연습해야 할까요? 발표자는 새로운 발표마다 적어도 3번은 연습해야 합니다. 첫 번째 연습에서는 내용을 제시하고 메모와 카드로 일반적인 시간 흐름 감각을 얻는 데 중점을 둡니다. 자료에 익숙해지는 것이 아니라 내용을 기억하는 것이 중요합니다. 두 번째 연습은 음성 강조, 제스처 및 아이 콘택트에 중점을 두어야 합니다. 전신 언어, 아이 콘택트 및 제스처를 점검하기 위해 전신 거울 앞에서 연습하는 것도 고려해 보십시오. 세 번째 연습은 유머, 유추 및 개인 이야기의 마무리를 추가하면서 시각 보조 자료로 연습할 수 있는 기회로 삼습니다. 심층 분석을 위해 동료의 의견을 들어보거나 자신을 촬영한 영상을 보면서 전달 방법이 향상되도록 하십시오. 이 방법을 사용하면 불안할 때 침묵하는 틈을 채우기 위해 자주 사용되는 'Um', 'You know', 'actually'와 같이 어색한 문구, 불필요한 부분 및 반복적인 단어를 찾아낼 수 있습니다. 준비와 연습은 두려움을 75% 줄일 수 있습니다."

특히, 이 가운데에서도 자신의 전신을 보고 연습하는 것이 무척 중요하다. 나는 종종 강의를 하는 LG그룹 강사 응접실에 전신 거울을 비치해달라고 요청했었다. 강의 전에 10분이라도 나의 전신을 보며 말하기 연습을 하기 위해서였다. 회사는 기꺼이 거울을 마련해주었고 강의 때마다 그 거울은 내게 마법 거울처럼 큰 도움이 되었다.

●　　　　　　　　　　　　　　# 준비만큼 중요한
　　　　　　　　　　　　　　# 말하기 마무리

말하기에서는 준비 운동만큼 마무리 운동도 참 중요하다. 나는 취미 삼아 필라테스를 하는데, 필라테스는 늘 마무리 운동을 한다. 마무리 운동은 내가 했던 동작 중에서 혹시나 무리가 갔을 만한 동작에 반대되는 동작으로 몸의 균형을 다시 잡아주는 움직임이다.

　이처럼 말하는 사람은 자신이 했던 말 중에 아쉽거나 너무 한 방향으로 쏠려 있다고 생각되는 말이 있다면 다시 균형을 잡아야 한다. 그러려면 처음부터 무슨 말을 해왔는지 자각하고 있어야 한다. 그래서 스스로 옳은 트랙을 밟아 말을 잘하고 있는지 의식하여 말을 마무리해야 한다.

쉽게 생각하면 처음 건넨 단어와 마지막에 건넨 단어가 일맥상통하는지 늘 인지해야 한다. 처음에는 '반갑습니다'로 시작했다가 나중에는 '다시는 볼 일 없었으면 합니다'로 끝내는 말하기는 빵점짜리 말하기인 것이다.

말하는 사람은 이야기의 주제를 계속 의식하고 예민하게 자각하며 말해야 한다. 그렇게 끝까지 같은 맥락으로, 그러면서도 아쉬운 감이 없도록 말을 마무리하면 듣는 사람은 그 사람이 말을 참 잘한다고 느끼게 된다. 말을 잘하고 싶다면 자신의 말하기가 듣는 사람과 강하게 교감하고 말뜻을 공유했는지 파악하고, 분위기의 끈을 끝까지 놓지 말아야 한다.

세상 모든 일이 그렇듯 말하기에서도 시작과 끝은 항상 중요하다. 그리고 시작이 좋아야 끝이 좋다. 그래서 말하기는 준비가 필수이다.

"

도구를 잘 갈아놓으면 시간을 잃지 않는다.

프랑스 속담

"

02 | 한 문장에 하나의 메시지만 담는다

커뮤니케이션 문화는 고맥락 문화와 저맥락 문화로 나뉜다. 고맥락 문화와 저맥락 문화의 커뮤니케이션 스타일에는 커다란 차이가 있다. 프랑스에 있는 세계적인 경영대학원 인시아드의 교수이자 국가별, 문화별 커뮤니케이션 차이에 대한 책 『컬처 맵』을 저술한 에린 메이어(Erin Meyer) 교수에 따르면 고맥락 문화와 저맥락 문화는 커뮤니케이션 측면에서 다음과 같은 차이를 보인다.

ㅣ저맥락 문화

누군가와 의사소통을 할 때 사용하는 단어의 의미는 매우 직접적이고 명백하다. '아니오'는 '아니오'를 의미하고, '예'는 '예'를 의미한다. 문맥이 약한 의사 전달자들은 자신이 생각하고 있는 것을 명시적으로 말하기 때문에 문맥 없이도 의미를 쉽게 이해할 수 있다. 또한 대담자가 처음으로 의사 전달자를 만나더라도 자신이 말하는 내용의 완전한 의미를 포착할 수 있다. 미국과 캐나다 등의 국가가 이에 해당한다.

ㅣ고맥락 문화

누군가와 의사소통을 할 때 때때로 사용되는 단어에는 명시적으로 표현되지 않은 두 번째 의미가 있다. 예를 들어, 한 남자가 아내에게 '먹고 있는 아이스크림에 많은 칼로리가 있다'고 말한다면 '살이 찌니까 아이스크림을 먹어서는 안 된다'는 뜻이다. 동일한 문장은 문맥에 따라 다른 의미를 가질 수 있다. 따라서 문맥이 매우 중요하다. 또한 의사 전달자를 아는 것은 그가 말하는 내용에서 두 번째 의미를 식별하는 데 도움이 될 수 있다(오랫동안 결혼생활을 한 커플과 마찬가지로 서로 대화하지 않고도 얼굴 표정으로 간단히 대화할 수 있다). 한국과 일본 등의 국가가 이에 해당한다.

우리나라는 고맥락 문화권으로 저맥락 문화권보다 말하기가 중요하다. 우리 속담만 보아도 알 수 있듯이 '말 한마디로 천 냥 빚을 갚는다', '칼은 몸을 베고, 말은 마음을 벤다', '같은 말이라도 아 다르고 어 다르다', '혀 밑에 도끼가 있다' 등 말에 관해서 민감하다.

반면에 글에 관한 속담은 많지 않다. 초성어도 가만히 보면 말을 글로 옮긴 것뿐이다. 우리가 많이 사용하는 이모티콘도 고맥락 문화에서의 말하기의 다른 표현이다. 심지어 말이 붙는 이모티콘이 있는 것을 보면 확실히 우리나라는 말하기가 글쓰기보다 중요한 나라이다.

● ## 복잡한 세상에서
핵심만 말하는 법

이렇게 고맥락 문화에서 내가 아는 것을 어떻게 명료하고 오해없이 말할 수 있을까? 긴급 처방전은 없을까? '무언가 복잡한 듯 보일 때 기본에 충실하라(Back to Basic)'는 언제나 정답이다.

나는 미국에서 로스쿨을 졸업하고 미국 뉴욕주 변호사 시험을 준비했었다. 나이 35세에 미국 사법 시험을 본다는 것은 이미 그전에 미국에서 MBA를 했던 경험이 있던 나로서도 무척 어려운 과제였다. 외국인이 우리나라에 와서 한국 로스쿨 시험을 본다고 한번 상상해보시라. 물론 시험 위주로 공부하면 되긴 하겠지만, 그것도 아마 우리나라에 오래 살았을 때 가능할 것이다. 나는 한국에서 법과 대학과 법과 대학원을 졸업했지만, 기업에서 근무했었고 사법고시를 본 경험도 없었다.

미국 로스쿨 석사과정에 합격하여 1년 동안 공부했지만, 미국인들도 불합격률이 30~40%나 되는 뉴욕주 변호사 시험을 한 번에 붙겠다는 것은 과욕이었다. 결과적으로 나는 처음 응시한 시험에서 낙방했다. 아까운 점수 차이였지만 분명히 나에게 문제가 있기에 떨어졌을 것이다. 무엇을 잘못했을까?

당시 미국 뉴욕주 변호사 시험은 첫날 6시간 동안 객관식 200문제를 풀고, 다음 날 주관식 6시간을 푸는 방식으로 이틀 동안 시험을 보았다. 당연히 주관식 문제에서는 내 영어 실력과 법률 지식이 채점되었을 것이다. 미국 변호사 시험을 재수하면서 나는 나의 문제점을 알게 되었다.

영어가 모국어가 아닌 내가 영어로 답을 쓰며 멋지고 현란한 문장을 만들기 위해 욕심을 부렸다. 도대체 주어가 무엇이고 서

술어가 무엇인지도 모를 정도로 복문(複文)을 써대고, 정확한 의미도 모르는 단어를 사용한 것이다. 다시 시험을 치르러 갔을 때 나는 문장 스타일 자체를 바꾸었다.

┃ 낙방한 시험의 답안 스타일

그는 그녀를 계획적으로 살해하려 했고, 그 결과 그녀는 그의 흉기로 살해된 바, 그는 가중 살인죄를 범했다.

┃ 합격한 시험의 답안 스타일

그는 살인죄를 저질렀다. 왜냐하면 그는 그녀를 살해했기 때문이다. 그는 흉기를 썼다. 그리고 계획적이었다. 그래서 살인죄는 가중되었다.

결국 한 번의 재수 끝에 시험에 합격할 수 있었다. 나는 그 경험을 통해 이후 국제 협상 등의 자리에서 이렇게 단순한 문장이 오히려 저맥락 문화권과 중요한 대화를 할 때는 훨씬 효과적이라는 것을 깨달았다.

한국어는 '말이 짧아지면 무례한 것'으로 인식되고, 그래서 각종 연결어로 문장을 길게 늘려 끊어지지 않도록 말하면 유창하고 예의 바른 것으로 학습되어왔다. 하지만 만약 듣는 사람이 저맥락 문화권에 속해 있다면 조금 유치해 보이더라도 기름 빼고 거품 빼고 한 문장에 하나의 메시지만 담아라.

서구어는 한두 마디의 문장, 심지어 단어 한두 개로도 그 뜻이 충분히 전달되는 단어 위주의 소통이다. 우리가 '그것은 붉은색이야'라고 답할 때 영어로는 그냥 'red'라고 한마디 하면 뜻이 통한다. 그래서 저맥락 문화권과 말을 할 때에는 '한 문장에 하나의 메시지만(One Message Per Sentence)', 줄여서 OMPS를 권한다.

우리나라도 점점 저맥락 문화권에 가까운 말하기가 될 것이다. 특히 문자나 모바일 메신저의 영향으로 필요한 말만 하는 말하기가 일상화되면서 말하기도 심플해질 것이다. 실제로 '세 줄 난독증'이라는 말이 나올 정도로 긴 문장을 읽기 힘들어하는 시대가 오고 있다. 그래서 지나치게 어려운 말을 많이 사용하면 때로는 커뮤니케이션에 방해가 될 수 있다. 핵심만 분명하고 간결하고 똑 부러지게 얘기하는 습관을 들이도록 하자.

미국 프린스턴대학교의 다니엘 오펜하이머(Daniel Oppen-heimer) 교수는 한 논문에서 다음과 같은 사실을 밝혀냈다.

"스탠퍼드 학부생 110명을 대상으로 한 설문 조사에서 84%가

'에세이가 더 유효하거나 지능적으로 보이도록 학술 에세이의 단어를 복잡한 언어로 바꾼다'고 인정했습니다. 다시 말해 그들은 자신이 더 지능적이라는 인상을 주기 위해 단순한 어휘 대신 복잡한 어휘를 선택한 거죠. 그러나 이 학생들은 텍스트의 복잡성과 저자의 판단된 지능 사이에 부정적인 관계가 있다는 사실을 간과했습니다. 복잡한 어휘와 문구를 사용하면 저자가 실제보다 지능적이지 않다는 인상을 줄 수 있습니다."

또 이런 실험 결과도 발표했다.

"한 실험에서 참가자들에게 단순하거나 복잡한 대학 입학 에세이를 평가하도록 요청했습니다. 이 입학 에세이 검토 실험에서 복잡한 텍스트는 일반 텍스트보다 입학 허가 결정을 받을 가능성이 적었습니다. 또 다른 실험에서 참가자들은 르네 데카르트의 제4성찰의 첫 번째 단락에 대한 번역을 평가했습니다. 같은 텍스트를 번역한 것이지만, 이 두 버전 중 하나에서 사용된 단어는 다른 버전에서 사용된 단어보다 더 복잡했습니다. 결과적으로 간단한 단어로 번역된 글을 읽은 참가자가 복잡한 단어로 번역된 글을 읽은 참가자보다 저자를 더 지능적으로 평가했습니다."

결국 이들 연구는 핵심만 담아 쉽게 말하는 사람이 오히려 더 지적이고 신뢰를 준다는 결과를 말해준다. 나도 직장 생활을 하면서 복잡하게 설명하는 직원을 보면 '아, 본인도 잘 모르고 있구나'라고 생각했다. 내용을 잘 아는 사람은 어려운 것을 쉽게 설명한다. 내용을 잘 모르면 쉬운 것을 어렵게 설명한다.

● 질문은 장황한 말에 거는 브레이크

말이 길고 복잡해지는 이유 중 하나는 말하는 사람이 '자가발전(Self-Escalation)'되는 경우이다. 자기가 하는 말이 너무도 멋지고 감탄스러워서 말을 못 멈추는 것이다. 달리는 기관차처럼 폭풍 질주하다 보면 말에 말이 꼬리를 물고 나중에는 아는 단어를 모조리 끌어다 쓰다가 스텝이 꼬인다. 또 품격 있게 말하려다 보니 긍정문을 써도 되는데 부정의 부정을 쓰지 않나, 하나의 문장인데 하도 복문을 만들어 나중에는 한 문장이 열 줄씩 되는 경우도 있다(예전 법원 판결문 중에 실제로 있었다).

그럴 때는 어떻게 해야 할까? '산은 산이요, 물은 물이로다'

같은 선문답이나 격언 정도를 제외하고, 메시지는 여러 개인데 문장이 간단한 경우는 없다. 장황한 말의 대부분은, 메시지는 하나인데 같은 말을 또 하고 또 하는 도돌이표 말하기이다. 여러분이 그런 말을 하고 있을 수도 있고, 혹은 상대방이 그런 말을 하는 경우도 있다.

우선 듣는 입장이라면 자리를 안 떠나면서 브레이크를 걸 수 있는 말하기는 딱 하나 '질문'이다. 말은 잘 듣되 질문을 하면 말하던 본인도 '아차, 내가 말을 너무 길게 했구나' 하고 깨닫게 된다. 만약 여러분이 그렇게 네버엔딩 말하기를 하고 있다면 스스로 어떻게 멈출 수 있을까? 역시 '질문'이다.

미국의 심리학 박사 제니퍼 앨리슨(Jennifer Ellison)이 지은 『나는 왜 말하는 게 힘들까』에 정답이 나온다.

어떠한 상황이든지 본인이 한 가지 특정 주제에 대해 너무 많은 이야기를 하거나 끝없이 이야기하고 있다는 생각이 들면 이야기의 결론을 내고 다른 사람에게 궁금한 점을 물어보라고 한다. 다른 사람이 질문하는 동안 자신을 진정시킬 수 있다.

내가 권하는 방법은 말이 너무 길어졌다 싶으면 침을 삼키거나 잠시 심호흡을 하는 방법이다. 나도 강연 후 질의응답 시간에 여러 사람에게 질문 기회를 주어야 하는데 한 사람의 답에 너무 집중한 나머지 나의 말이 장황하게 길어질 때, 잠시 멈추고 심호흡을 한다. 나 스스로 브레이크를 거는 것이다.

말을 할 때는 기본적인 핵심이 먼저 전달되어야 한다. 그러기 위해서는 한 문장에 하나의 메시지만 담는 것이 깔끔하다. 장식(Decoration)은 기본적인 내용이 전달된 후에 해도 늦지 않다. 오히려 때로는 정확성과 명료함만 필요할 때도 있다. 자기가 예쁘고 멋있게 나오고 싶은 마음은 알지만, 여권 사진을 지나치게 손대서는 안 되듯이 말이다.

“

빠른 것도 좋지만, 정확함이야말로 모든 것이다.

와이어트 어프(Wyatt Earp), 미국 보안관

”

03 | 이기기 위해
무례하게 말하지 않는다

말을 잘하려면 느리고 약해도 예의 바르게 말하라. 그러면 '그 사람, 말 참 잘하더라'는 평가가 따라온다. 빠르고 강하게 말하는 게 말을 잘하는 거라면 '래퍼'가 제일 말을 잘하는 사람일 것이다. 말을 잘하는 건 카리스마로 상대를 누르는 것이 아니다. 우리는 말을 하면서 종종 상대를 이기는 말을 하려고 한다. 그런데 말은 이기는 게 아니다. 말은 나누는 거다.

말하기의 목적은 이해, 설득, 동의이다. 이해는 풀어 설명하는 데서 시작된다. 설득은 이기는 게 아니고, 말하는 사람과 듣는 사람이 같은 '생각 줄'에 서는 거다. 밀고 당기다가 내 쪽으로 확 끌어오는 것은 말을 잘하는 것이 아니다. 듣는 사람이 저 스스로 사이에 쳐진 선을 넘어 나에게 오거나, 내가 자연스레 상대 쪽으로 건너가는 것이 설득이다.

이해가 되면 상대는 한 발을 떼어 움직일 것이고, 설득되면 여러분에게 건너오고, 동의하면 같이 한 방향을 보고 서게 된 다. 그러려면 상대를 칭찬하고 예의 바르게 말해야 한다.

상대를 끌어당기는 말하기 vs. 쫓아내는 말하기

세계적인 설득 전문가 로버트 치알디니(Robert Cialdini)의 『초 전 설득』에는 6가지 초전 설득 원칙이 나온다. 상호성, 호감, 사 회적 증거, 권위, 희귀성, 일관성이다. 내 생각에는 이 가운데 '호 감'이 가장 중요한 것 같다. '호감' 중에서도 '칭찬'은 정말 귀한 설득 방법이다. 로버트 치알디니는 그의 책에서 이렇게 말했다.

"좋은 칭찬 한마디면 두 달을 살 수 있다." 마크 트웨인(Mark Twain)이 한 말이다. 이는 칭찬이 우리를 감정적으로 고양하고 살아가는 힘이 된다는 적절한 은유다. 또한 우리는 칭찬해주는 사람들을 좋아하며 그들에게 보답하게 되는데 칭찬이 외모에 관한 것이든, 취향이나 성격에 관한 것이든, 업무 습관이나 지능에 관한 것이든 상관없다. 외모의 경우, 한 미용실에서 스타일리스트가 고객에게 "어떤 헤어스타일도 다 잘 어울리시겠어요"라고 칭찬하면 무슨 일이 벌어질지 생각해보자. 스타일리스트의 팁이 37%나 증가했다.

이렇게 칭찬은 상대의 마음이 여러분에게로 건너오는 '말 다리'이다. 그렇다면 반대로 상대를 쫓아내는 말하기는 무엇일까? 비난하는 말하기일까? 아니다. 무시하는 말하기이다. 상대를 무시하고 무례하게 말하고 배려 없이 말하면 상대는 자동으로 멀어진다. 누군가를 싫어할 때 상대를 무시하는 표현을 하게 되는 이유도 그 사람을 나의 영역에서 밀어내고 싶기 때문이다. 전화나 문자를 무시하거나, 만났을 때 호응을 안 해주거나, 모임에서 곁을 주지 않는 것 모두 무시하는 말하기이다.

말하기 자체가 아주 무례한 경우들이 있다. 상대방을 설득하기 위해 칭찬을 해도 부족한데, 말하는 방법을 몰라 말 몇 마디로 두고두고 원수를 만드는 경우도 있다. 무례한 말하기를 들은 사람은 말하는 사람한테 부정적인 감정이 생겨 큰 반감을 품게 된다. 애초에 말하는 사람이 전하고자 하는 주제도 완전히 갈등 속으로 매몰돼버려 내용은 사라지고 앙금만 남게 된다. 차라리 말을 안 하느니만 못한 '마이너스 말하기'가 돼버린다.

문제는 우리가 이렇게 무례한 말하기가 무엇인지도 모른 다는 데에 있다. 가끔 기성세대들은 MZ세대들(1980년대 초반 ~2000년대 초반에 태어난 밀레니얼 세대와 Z세대)과 말하다가 말 이 안 통하면 '요즘 것들' 탓을 하는데 그 말 중에는 '예전 것들' 과도 안 통하는 말하기가 많다. 무례한 말하기는 요즘이든 예전 이든 모두 안 통한다. 본인들의 말에 문제가 있다는 것은 생각 하지 않고, 그걸 세대 갈등이나 문화 차이라고 말하는 기성세대 들이 있다. 말하기의 원칙을 무시하면 무시당한다! 잊지 마라.

●   무례한 말하기
                                                      5종 세트

① 말 자르기

무례한 말하기는 무엇이 있을까? 첫 번째는 '말 자르기'이다. 대 표적인 것이 '그건 됐고'로 시작되는 말이다. 사람이 말을 하는

데 툭 하고 자르면 얼마나 기분 나쁜지 모른다. 말이 잘리는 게 아니고 혀가 잘리는 기분이다. 상대방의 의사는 아예 안중에도 없다는 거다.

영어에서는 'Sorry to interrupt'라고 하며 일단 말에 끼어드는 것 자체를 미안하게 생각한다. 그런데 어떤 이들은 전혀 미안한 마음도 없이 상대가 잠시 숨 쉬는 틈을 타서 확 끼어든다. 그러면 상대도 숨 쉬지 않고 말하게 된다. 이렇게 차분한 대화는 멀어지고 말이 빨라지고 급해지며 감정은 격앙된다.

시사토론 프로그램을 보다 보면 처음에는 차분하던 사람도 자기 말이 차단되면 결국 동반 상승하여 서로 말을 자르다 끝나는 경우가 있다. 시청자는 불완전한 문장만 듣고 끝나는 것이다.

나는 예전에 한 번 추돌사고가 난 이후로 늘 차간거리를 넓게 유지하는 편이다. 그런데 아무리 차간거리를 충분히 확보해도 내 차와 앞차 사이가 조금 넓다고 생각되면 종종 다른 차가 끼어들곤 한다. 그러면 나는 다시 끼어든 차와 거리를 벌리기 위해 또 서행을 한다. 그러면 다른 차가 또 끼어들어 온다. 결국은 나도 차간거리를 좁히게 되고, 그러다 추돌사고가 나면 서로 손해를 보게 된다.

이처럼 말 자르기도 서로에게 '말의 간격'을 주지 않음으로써 결국 말끼리 붙다가 추돌사고가 나고 마는 것이다. 상대방이 말을 끝마칠 때까지 기다려라. 그런 다음에 말해도 늦지 않다.

그런데 만약 상대의 말이 좀처럼 끝나지 않는다면 '저도 한 말씀'이라는 말로 시작하며 들어가라. '그게 아니라', '저도 말 좀 합시다', '뭘 모르시네'와 같은 말로 무례하게 자르지 마라. 그렇게 말을 자르면 대화 전체가 잘린다. 말을 자르는 사람은 그와의 관계를 자르고 싶을 만큼 무례한 사람이다. 미국 보스턴대학교 마리안느 라프랑스(Marianne LaFrance) 교수는 상대의 말을 자르고 끼어드는 사람에 대해 다음과 같은 사실을 밝혀냈다.

"말을 중단시키는 사람은 그렇지 않은 사람보다 훨씬 무관심하고 비이성적이며, 강하고 논쟁적이며, 주장이 강하며, 무례하고 지배적이며, 경쟁적이며, 위압적이며, 자기에 관심이 있는 것으로 평가되었습니다."

직장 상사 중에 말을 잘 자르는 사람은 100% 위와 같은 성정을 가지고 있을 것이다.

② 말 뒤집기

두 번째 무례한 말하기는 '말 뒤집기'이다. 정말 비겁한 말하기이다. '내가 언제?', '내가 그랬을리가 없어', '잘못 들었겠지'라며 본인이 한 말을 뒤집는 경우이다. 요즘은 녹취를 많이 하니까 그런 일이 그나마 줄었지만, 그래도 여전히 화장실 갈 때 다르고 나올 때 다르게 말하는 사람들이 많다. 상대를 완전히 호구로 보는 말하기이다. 그렇게 한두 번은 우겨서 이길 수 있다. 그러나 동시에 그렇게 말을 쉽게 뒤집는 사람은 '못 믿을 사람'이 된다.

여러분들에게 누군가 '확실히 문서로 남기자'라고 한다면 혹시 내가 약속을 어긴 적이 없는지 돌아보라. 말을 뒤집으면 신뢰를 잃는다. 신뢰를 잃으면 그 어떤 말재주도 통하지 않는다. 말은 부침개가 아니다. 뒤집지 마라.

③ 말문 막기

세 번째 무례한 말하기는 '말문 막기'이다. '말 자르기'는 그래도 상대방이 말이라도 하게 해주는 것인데, 말문 막기는 아예 말할 기회조차 안 주는 행동이다. '답정너'가 대표적인 말문 막기이다. 점심때 팀이 함께 식사하는 자리에서 팀장이 '자, 오늘은 각자 먹고 싶은 걸로 먹자. 음, 난 자장면 하지, 뭐. 아무래도 메뉴를 통일하는 게 좋지 않을까?' 이렇게 말하는 것이 바로 말문을 막는 행동이다. '김과장이 뭘 안다고 그래?', '이대리, 특별한 의견 없지?', '이 얘기는 꼭 해야겠다는 사람 있으면 말해봐' 이게 모두 말문 막기다. 예전에 〈개그 콘서트〉라는 TV 프로그램의 달인 코너에 나온 말 중에 '안 해봤으면 말을 하지 마'도 그중 하나다.

'소통(疏通)'은 물처럼 말이 흘러 통하는 것이다. 말문을 막는 것은 수문(水門)을 막는 것과 같다. 말문은 열어주어라. 그래야 말이 물처럼 흐른다.

④ 말 돌리기

네 번째 무례한 말하기는 '말 돌리기'이다. 물론 문장 전환이 꼭 나쁜 것만은 아니다. 분위기를 바꾸거나 효율적인 말하기를 위해 주제나 용어는 얼마든지 바꿀 수 있다. 나쁜 '말 돌리기'란 비겁하게 초점을 흐리는 말하기를 가리킨다. '그건 그렇고'라고 시작하지만, 자신에게 불리한 상황에서 화제를 돌려 꼬리를 빼는 경우이다. 또는 자신에게 유리한 이야기를 하기 위해 열심히 이야기하는 상대방을 무시하고 자기 할 말로 급히 핸들을 트는 경우이다.

신호가 없는 교차로에서 차가 얽혔을 때 빨리 빠져나가는 방법은 한 대씩 서로 양보하며 나가는 것이다. 그런데 자기가 먼저 가겠다고 앞다투어 가다가 꼬여서 본인도 못 나가고 다른 사람도 못 나가는 경우가 있다.

말을 잘못 돌리면 상대의 말도 진전이 안 되고, 자기도 자신의 말에 갇히게 된다. 서로 한 번씩 말을 주고받으며 하나의 주제에 명확히 마침표를 찍고 나서 새로운 말을 시작하는 것이 예의이다. 여러분이 딴짓하면 상대방의 관심도 떠난다는 것을 명심하자.

⑤ 말꼬리 잡기

무례한 말하기의 마지막은 '말꼬리 잡기'이다. 영어로 말꼬리를 잡는다는 'pounce on someone's words'라고 표현한다. 여기서 pounce란 단어는 사람을 비평한다는 뜻 외에도 무언가를 덮친다는 뜻도 있다. 이렇듯 말꼬리를 잡는 것은 사소한 듯 보이지만, 사실은 갑자기 덮쳐 공격하는 비신사적인 행동이다.

말을 잘하려면 늘 '말머리' 즉, 말이 가는 방향을 잡고 얘기를 해야 하는데 '말꼬리'인 말의 끄트머리를 잡고 늘어지면 결국 상대하고 싸우자는 얘기밖에 안 된다. 논리 혹은 권위를 이용해

타율적으로 상대방을 설득할 수는 있지만, 타율적인 설득은 언제든지 상대가 원래 자리로 돌아갈 수 있는 가변성이 있다. '불가역적 설득'을 하고 싶다면 무례한 말하기를 하지 마라.

"

용납될 수 없는 것은 무지가 아니라 무례함이다.

클로드－아드리안 엘베시우스(Claude Adrien Helvétius), 프랑스 철학자

"

04 | 비언어를 섞어
효과적으로 대화하라

말하기에 대한 강연을 하다 보면 가끔 비언어의 힘에 놀라고
는 한다. 말하기를 강연하면서 많은 비언어를 쓰고 있는 나 자
신의 모습을 발견하기 때문이다. 강연장을 이리저리 오가며 마
이크를 건네고, 때로는 앞으로 나갔다가 뒤로 물러서고, 손으로
힘주어 설명하다가 어깨에 힘을 빼고 눈과 입으로만 말하는 내
모습이 담긴 영상을 보면 나야말로 비언어를 열심히 쓰고 있구
나라는 생각이 든다.

비언어란
무엇인가

비언어(Non-Verbal Language)란 육성이 아니라 비언어적 요소로 사실상 언어와 같은 의미를 전달하는 커뮤니케이션 기법을 말한다. 미국의 저명한 경제학자 제레미 리프킨(Jeremy Rifkin)은 인간을 '호모 엠파티쿠스(Homo Empathicus)'라고 부르며 인간이 가진 강한 공감 능력(Power of Empathy)을 강조했다.

사람들은 서로를 '공감'하기 위해 입에서 나오는 말 외에 의외로 상대의 신체 언어에 많이 집중한다. 상대방의 입에서 나오는 언어와 비언어를 분석하고 상대방을 파악해서, 즉 디코딩(Decoding)을 해서 어떤 말을 할지, 기분은 어떨지 등을 판단한다. 역으로, 누구든 어떤 의사를 표현할 때 굳이 말로 하지 않아도 비언어만으로 상대방에게 자신의 의사를 표시할 수 있다. 그 와중에 본인의 뜻과 다른 비언어가 표현되어 오해를 살 수도 있다. 그래서 비언어의 활용과 그 각각의 의미를 알아두는 것은 무척 중요하다.

비언어는 1950년대 초 미국의 인류학자 레이 버드휘스텔(Ray Birdwhistell)이 화자(話者)가 나타내는 몸짓, 손짓의 의미를 연구하는 학문을 '운동학(Kinesics)'이라고 명명하며 시작되었다. 그 후에 발전된 5대 비언어(입으로 하는 말 외의 언어)는 다음과 같다.

① 제스처, 몸짓, 자세, 응시, 표정 등 몸이 수행하는 '신체 언어(Kinesics)'

② 말의 억양, 휴지, 음색, 발음 등의 '유사 언어(Vocalics)'

③ 옷차림, 헤어스타일, 화장 등 '외모 언어(Physical Appearance)'

④ 사람 간 신체 접촉의 강도, 빈도, 접촉 방법 등 '접촉 언어(Haptics)'

⑤ 청자와 화자 간의 공간 거리를 통해 의사 전달이 되고 감정이 형성되는 '공간 언어(Proxemics)'

●   비언어가
                           말(언어)을 살린다

위의 비언어가 인지되는 순서는 먼저 외모 언어, 그리고 신체 언어(특히 표정), 그다음 음성 언어, 끝으로 말의 내용이다.

① 신체 언어 – 움직임과 자세

접촉 언어나 공간 언어는 구사할 수도 있고 안 할 수도 있지만, 외모, 표정, 음성은 기본적으로 말보다 먼저 구사되는 언어이다. 우선 제스처, 몸짓, 자세 등 몸이 표현하는 신체 언어는 무척 다양하다. 기본적으로 몸의 움직임(제스처, Gesture)과 몸의 자세(포스처, Posture)가 합쳐져 신체 언어가 된다.

가장 간단한 예를 들면 눈앞의 상대와 말을 하고 싶거나 관심이 가거나 편안하면 당연히 몸은 상대 쪽으로 기울어진다. 반대로 상대와 말을 하기 싫거나 관심이 없거나 긴장이 되면 당연히 몸은 뒤로 젖혀진다. 상대가 좋으면 몸은 그쪽으로 방향을 잡고, 싫으면 반대 방향으로 튼다. 뉴스 등에서 사이가 안 좋은 정치인들이 애매하게 다른 방향을 보고 앉아 있는 사진 등을 보여주는 것도 그런 메시지이다.

무언가 마음에 안 들면 우리가 자주 하는 자세가 또 있다. 우연히 자동차 접촉사고가 난 현장을 지나가다 보면 보험회사를 부른 뒤 운전자들은 늘 이 포즈를 하고 있다. 바로 팔짱을 끼고 있는 포즈이다. 사람들은 경계심이나 불안을 느끼면 오픈 포지션(Open Position)이 아닌 클로즈드 포지션(Closed Position)을 취한다. 원래 사람은 마음을 열면 자세가 오픈된다. 악수가 서로에게 무기가 없다는 표시로 손을 맞잡은 것에서 시작되었고, 만나서 반갑다고 허그를 하는 것도 모두 자신을 오픈해서 의사를 표시하는 것이다. 반대로 마음을 닫으면 자세도 닫힌다.

'대상행동(Substitute Behavior)'이라고 있다. 사람이 불안을 느낄 때 다른 이가 달래주지 못하면 스스로를 다독이고 스트레스를 해소하기 위해 본인의 머리를 쓰다듬거나 옷매무새 등을 만지는 행동을 말한다.

FBI 교본에 따르면 취조할 때 상대방이 다음의 3가지 모습을 보이면 강한 피의자로 본다고 한다. 첫째, 뒤로 물러앉고, 둘째, 옷을 툭툭 털거나 머리를 매만지고, 셋째, 팔짱을 끼는 행동이다. 불안하지만 얘기하고 싶지 않고, 수사관과 거리를 두는 모습에 위에서 설명한 대상행동을 비롯한 세 가지 비언어가 그대로 나타난다. 이것은 하나의 예시일 뿐이지만, 신체 언어는 이렇게 늘 메시지를 담고 있다.

② 신체 언어 - 얼굴 표정

비언어 중 가장 범용적인 언어는 얼굴에서 나온다. 표정이 바로 그것이다. 미국의 심리학자 폴 에크먼(Paul Ekman)은 전 세계 모든 문화권에서 공통되게 가지는 표정이 분노, 행복, 놀람, 혐오, 슬픔, 두려움의 6가지임을 발견했다. 이 6가지 감정은 전 세계 누구나 얼굴에 표정으로 표현된다는 것이다.

또 미국 오하이오 주립대 연구팀에 따르면 인간이 감정을 표현할 때의 표정은 16,384가지가 있고, 그중에서 35가지만 모든 문화권에서 보편적인 표정(Universal Facial Expression)으로 받아들여지는데 구분해보면 행복함 17가지, 두려움 3가지, 놀라움 4가지, 슬픔 5가지, 분노 5가지, 싫거나 혐오는 1가지라고 한다.

사람들은 언어가 통하지 않아도 서로의 표정에서 뜻을 읽고 기분을 알아챈다. 그 이유는 바로 이 보편적인 표정 덕분이다. 보편적인 표정은 감정을 담은 비언어로, 상대에게 의사 전달을 하는 동시에 자신의 표정을 통해 자기감정을 깨닫는 기준이자 도구이다.

말을 하다 두 사람의 뜻이 같을 때 종종 표정이 일치하는 일이 있다. 안타까우면 안타까운 대로, 놀라면 놀라는 대로, 행복하면 행복한 대로 표정이 비슷해진다. 그리고 서로의 생각이 다를 때는 표정도 달라진다.

여러분이 승진해서 행복한 표정을 짓는데 옆에서 입사 동기가 화난 표정을 짓고 있으면 입사 동기는 행복하지 않은 것이다. 그래서 '표정 관리'라는 말이 나온 거다. 사람이 말을 안 해서 혹은 말을 해서 속마음을 숨기기는 쉽지만, 표정에서는 자신도 모르게 속마음이 새어 나온다. 그래서 말할 때는 상대에게 전하고자 하는 감정을 표정에 담고, 자신의 감정을 표정으로 확인하여 상호 보완적으로 말하기를 하는 것이 좋다.

특히 상대방의 표정을 따라가며 말을 한다면 '미러링 효과(Mirroring Effect)'로 인해 상대방은 여러분과 거리가 좁혀지고 자신의 의견에 동의한다고 생각하여 훨씬 호감을 가질 것이다. 아주 오래전에 우리나라에는 초상집에 문상을 가면 울음이 안 나와도 같이 목 놓아 울어주는 풍습이 있었다. 바로 미러링 효과로 슬픔을 같이 해준 것이다.

③ 유사 언어

말의 억양, 휴지, 음색, 발음 등 '유사 언어(Vocalics)'는 '패러 랭귀지(Para Language)'라고도 하며 대표적으로 스피치 학원에서 가르치는 신체 언어이다. 목소리만 좋아도 신뢰가 가듯이 '유사 언어'도 중요한 신체 언어이다. 그런데 목소리를 바꾸는 것은 쉬운 일이 아니다. 사투리를 쓴다면 억양이나 발음을 고치기도 쉽지 않다. 하지만 사실 모든 음색, 발음, 억양이 표준화될 필요는 없다. 오히려 상대에게 명료하게 들리도록 말하는 것이 중요하다. 뚝배기같이 구수한 맛이 있는 음성도 상당히 설득력이 있고, 개성 있는 발음도 본인 캐릭터와 잘 어울리면 감초처럼 좋은 인상을 줄 수 있다.

④ 외모 언어

옷차림, 헤어스타일 같은 외모도 강한 비언어이다. 다른 비언어와 달리 외모 언어는 사람에게 선입견을 주기 때문에 외모에 자신이 없다면 주변에 조언을 구하거나 전문가의 도움을 받길 권한다. 사람은 기본적으로 자신의 이미지가 좋게 보이기를 바라는 '자기 제시(Self-Presentation)'의 심리가 있다. 패션 테러리스트가 되어 굳이 보기 싫은 모습으로 다니고 싶어 하는 사람은 없다. 무심하거나 잘 모르기 때문에 외모 언어가 서툰 것뿐이다.

　외모 언어는 종종 사람들에게 다른 신체 언어와 달리 즉각적으로 시각적 메시지를 준다. 사람들은 처음 보는 사람을 찬찬히 분석하려면 피곤하기 때문에 '휴리스틱(Heuristic)'이라는 인지적 어림짐작을 사용해 그 사람을 판단한다.

　또 사람은 제복을 입으면 그 제복에 맞추어 행동하는 '역할 효과(Role Effectiveness)'도 내재되어 있다. 그래서 '외모 언어'는 본인을 위해서나 상대를 위해서나 TPO(Time, Place, Occasion·시간, 장소, 상황)에 맞게 구사해야 한다. 복장도 매체로서 상대에게 효과적인 말하기의 수단이 될 수 있고, 그 복장의 매체성이 강화되려면 말하고자 하는 내용과 상황에 부합되도록 입어야 한다. 특히 직장인의 복장은 단순한 패션이 아니라 조직의 문화이고 고객과 동료에 대한 예의이기도 하다. 운동복을 입고 면접을 보러 가면 안 되듯이 말이다.

⑤ 접촉 언어

사람 간 신체 접촉의 강도, 빈도, 접촉 방법 등 '접촉 언어 (Haptics)'는 상대에게 오해를 주지 않도록 문화와 개인의 가치관 등에 맞추어 구사해야 한다. 물론 접촉 언어가 가지는 장점도 많지만, 상대에게 거부감이 없을 때 효과를 발휘한다. 상대가 용인하지 않는 접촉은 큰 부작용을 불러올 수 있다는 점에서 다른 어느 신체 언어보다 세심히 사용해야 한다. 상황을 잘 모르겠다면 아예 사용하지 않는 것이 좋다. 다른 비언어와 달리 사용하지 않아도 마이너스는 없다. 접촉 언어가 효과적인 경우는 상대가 접촉 언어를 사용하면 그에 맞춰 같이 적극적으로 응해줄 때이다. 마오리족이 '홍이' 인사를 하려고 코를 내밀면 같이 코를 맞대어 인사를 받아주는 게 예의이듯 말이다.

"

몸은 절대 거짓말을 하지 않는다.

마사 그레이엄(Martha Graham), 미국 무용가

"

05 | 적절한 공간 거리가 소통의 시작이다

대화를 시작하려면 각자 위치를 잡고 좌표를 찍어야 한다. 그래서 대화의 시작은 '공간 언어'에서부터 시작된다. '공간 언어(Proxemics)'란 청자와 화자 간의 공간 거리를 통해 의사 전달이 되고 감정이 형성되는 비언어이다.

1963년 문화 인류학자인 에드워드 홀(Edward Hall) 이래 '공간 언어'에 대한 연구는 무수히 많다. 우선 공간 언어를 활용하려면 개인 공간(Personal Space) 혹은 사회적 거리(Social Distance)에 대한 이해가 필요하다.

사람들은 관계에 따라 허락하는 거리가 있다. 예를 들면 연인이나 아주 친한 사람은 45~50cm, 친구나 지인은 50~120cm 정도, 그 외의 사람은 120cm 이상 거리를 둔다고 한다. 이 퍼스널 스페이스를 침투하면 사람들은 불쾌하거나 불편해한다. 사람이 꽉 찬 버스나 지하철을 타면 불편한 이유가 모두 퍼스널 스페이스를 침범당했다고 느끼기 때문이다.

사람들은 퍼스널 스페이스를 늘 일정하게 유지하려고 한다. 예를 들어 여러분이 그렇게 친하다고 생각하지 않는 상대가 퍼스널 스페이스에 너무 쑥 들어오면, 여러분은 그만큼 뒷걸음을 쳐서라도 다시 거리를 만든다. 안 친한데 회식 자리에서 너무 바싹 붙어 앉으면 무의식적으로 자리를 띠고, 친한데 떨어져 앉으면 이쪽으로 좀 오라고 당기는 게 모두 친밀도에 따른 퍼스널 스페이스 때문이다.

결국은 공간 언어에서 거리는 사람 간의 친밀도에 따라 많이 좌우된다. 그래서 친밀하게 이야기하고 싶다면 더 다가가고, 중립적인 관계를 정립하고 싶다면 거리를 두는 것이 공간 언어의 정석이다.

물론 퍼스널 스페이스가 수평만 있는 것은 아니다. 수직적인 퍼스널 스페이스도 있다. 법원에 가면 판사는 늘 여러분보다 위에 앉아 있다. 직업적 스페이스이지만, 역시 수직적인 공간 언어 구사이다. 판사의 권위를 유지하고 법원의 판단에 존중을 더하기 위해 수직적 퍼스널 스페이스가 사회적으로 용인되고 있는 것이다.

영화 속 귀족을 보면 단둘인데 썰렁하게 테이블 양옆 맨 끝에 앉아 식사를 한다. 그만큼 스스로 고귀하다고 생각하는 것이다. 회식을 하거나 회의할 때 의사결정자나 제일 높은 상사가 가운데 앉는 것도 모두 공간 언어의 영향이다. '센터 효과(Center-Stage Effect)'라고 해서 사람들은 본능적으로 가운데 있는 사람이나 물건이 중요하다고 생각하는 심리가 있기 때문이다. 여러분도 중요한 자리의 당사자가 되었을 때는 가운데에 앉아야 상대에게 공간 언어 측면에서 혼란을 주지 않는다.

이렇게 공간 언어는 상호 간의 사회적, 개인적 관계를 기초로 거리와 위치를 정해서 의사소통을 하는 것이다. 여러분도 위쪽에서 말할 것인지 아래쪽에서 말할 것인지 옆에서 말할 것인지를 정하고, 거리를 어느 정도 둘 것인지 사이에 사람이 지나갈 정도의 거리를 둘 것인지 조금 더 바싹 붙어서 말을 할 것인지 아예 귓속말을 할 것인지 등을 고려해서 공간 언어를 정교하게 구사하길 바란다.

공간 언어의 또 다른 얼굴, 체취와 응시

공간 언어에는 가끔 변수가 등장한다. 그중에서 대표적인 것이 체취(Odor)이다. 서로의 거리를 정할 때 체취를 고려해서 정하는 경우가 많다. 나 같은 경우는 음주 후 대리운전 기사를 부를 때, 담배를 안 피우는 분으로 부탁하곤 한다. 같은 차에 타서 몇십 분 동안 체취로 괴롭고 싶지 않기 때문이다. 향수를 지나치게 뿌리거나 강한 구취도 종종 공간 언어에서 거리를 정하는 변수가 된다. 누군가와 가깝게 말하고 싶다면 체취부터 신경 쓰라.

비언어 가운데 가장 강력한 비언어를 하나 꼽으라면 '시선'을 1등으로 꼽겠다. 눈은 마음의 창이라는 말처럼 참 많은 것을 얘기해준다. 특히 마스크라도 쓰면 시선이 정말 큰 비언어이다. 채널A에서 방송 중인 〈아이 콘택트〉라는 프로그램이 있다. 출연자들은 5분 동안 말없이 서로를 응시할 뿐인데 그러다가 눈물이 주르륵 흐른다. 촬영장엔 늘 휴지가 준비되어 있다고 한다. 서로 아무 말이 없는데도 눈물이 흐르는 이유는, 눈 맞춤은 진심이기 때문이다. 방송 후에도 실제로 출연자들이 서로를 대하는 데 변화가 있다고 한다. 눈 맞춤은 강력한 말하기라는 것을 보여주는 프로그램이다.

말하기에서 시선은 정말 중요하다. 그런데 사람을 본다고 해서 다 보는 것이 아니다. 사람을 보는 것을 '응시(Gaze)'라고 한다. 응시는 일방적 응시(Non-Mutual Gaze)와 상호 응시(Mutual Gaze)로 나누어지며 상호 응시도 호의적 응시와 적대적 응시로 나누어진다. 연인끼리 마주 보는 것이 호의적 응시라면 권투선수들이 시합 전 마주 보는 눈싸움은 대표적인 적대적 응시이다. 응시에는 시선 회피(Gaze Aversion)도 포함된다. 상대와 시선을 맞추기 싫어 피하거나 아예 특정 방향으로 고정시키거나 화자와 다른 방향으로 산만하게 시선을 분산하여 한눈을 파는 경우이다. 여러분도 어떻게 응시하며 말할 것인지 생각해두어야 한다.

그런데 이 응시는 국가나 문화별로 무척 차이가 크다. 동양권은 중요한 말을 들을 때 눈을 깔고 공손하게 들어야 된다고 생각하는데 서양권에서는 말하는 사람을 좀 더 똑바로 봐야 주의 깊게 말을 듣는다고 생각한다. 때로는 안구의 움직임까지도 비언어가 된다. 눈을 한군데 두지 못하면 상대방은 여러분이 아무 말 안 해도 무언가 불안하거나 숨긴다고 생각할 수 있다. 그렇다고 해서 내내 눈을 마주치는 것은 눈싸움이 아닌 다음에야 사실 지치고 피곤한 일이다.

내가 권하는 응시는 대화 중에는 상호 응시를 하되 간혹 상대의 눈이 아닌 미간을 보라는 것이다. 그러면 응시의 피로도도 낮아지고, 분위기와 내용에 따라 응시를 휴지(休止)함으로써 상대에게도 지나친 긴장감이나 오해를 주지 않는다.

● 　　　　　　　　　　　　　 비언어가
　　　　　　　　　　　　　 말하기를 살린다

이제까지 5가지 비언어를 모두 살펴보았다. 어느 것 하나 사소한 비언어가 없다. 비언어는 말하기를 위해 많이 활용하는 것이 좋다. 말하는 사람은 듣는 사람에게 전달하고자 하는 메시지에 따라 비언어를 잘 연출하면 듣는 이에게 아주 강력하게 각인된다. 여러분은 본인의 신체 언어, 유사 언어, 외모 언어 등을 늘 체크하고 각각의 TPO에 맞는 비언어를 구사하길 바란다. 그냥 정지화면처럼 말하는 것은 '죽은 말하기'이다. 나는 앉은 자리에서도 늘 손을 써서 말을 하는 버릇이 있다. 의자를 당겨 앉기도 하고 잠깐씩 밀어 앉기도 하고, 목소리도 한 번씩 조심히 가

다듬는다. 이렇게 비언어를 골고루 사용하면 내용 전달뿐 아니라 분위기 전환도 되는 부수효과를 누릴 수 있다.

비언어의 결론을 내려 보자. 여러분이 무대 위에 있다면 어떻게 청중에게 비언어를 사용하는 것이 좋을까? 미국 애리조나 대학교의 주디 버군(Judee Burgoon) 교수 등이 연구한 논문에 따르면, 설득력 있는 연사는 비언어의 법칙을 잘 활용하는 경우가 많다.

- 청중과 더 많은 아이 콘택트을 한다.
- 뒤로 물러서지 않고 더 가까운 거리에 선다.
- 청중을 향해 더 자주 고개를 끄덕여 친근감을 보인다.
- 더 많은 제스처를 한다.
- 더욱 풍부한 표정을 보인다.
- 청중들을 편하게 대하되 연사에게 무관심한 청중에게는 굳이 간섭하지 않는다.

한 예로 빌 게이츠는 컨퍼런스 등에서 보면 옆의 패널리스트를 보려고 틀어 앉지 않는다. 자연스럽게 청중을 마주 보며 무슨 말이든 편하게 할 준비가 된 듯한 모습을 취한다. 성공한 기업인에서 선한 자선사업가로 변신한 빌 게이츠에게 딱 맞는 '신체 언어'이다.

유명 정치인들은 연설 중 청중으로부터 질문이 나왔을 때, 소리가 들리면서도 굳이 귀에다 손을 대고 곰곰이 듣는 표정을 연출해서 호감을 얻기도 한다. 외국 영화배우 중 늘 매너가 좋아 '호감 내한'의 대명사이자, '친절한 톰 아저씨'라고 불리는 톰 크루즈는 한국 팬들과 기꺼이 사진도 찍고 사인도 해주고 최대한 악수도 하는 등 '접촉 언어'와 '공간 언어'를 잘 활용하는 달인이다.

●   비언어 사용 시
주의할 점

비언어를 사용할 때 주의할 점 3가지를 기억하라.

첫째, 흔히 비언어의 중요성을 강조하기 위해 인용되는 '메라비언의 법칙', 즉 말씨나 내용은 커뮤니케이션에서 7%에 불과하다는 이론은 '처음 만난 사람'의 인상을 결정하는 요소이다. 여전히 언어가 중심이라는 점을 잊어선 안 된다.

둘째, 비언어가 언어를 누르지 않도록 해라. 비언어적 표현이 과도하여 말하기의 주제를 벗어날 정도로 형식에 치우치지 않도록 해야 한다. 말하는 사람의 복장이나 제스처, 감정 표현 등이 지나쳐서 듣는 사람이 내용에 집중하지 못하고 말하는 사람을 관찰한다는 것은 말하는 사람이 비언어를 잘못 구사하고 있다는 증거이다. 그렇다고 해서 말을 하며 포커 페이스(Pocker Face)'나 '포커 포스처(Pocker Posture)'를 유지하라는 이야기는 아니다. 그건 결례이다.

끝으로 문화나 국적, 종교 등의 차이에서 오는 비언어의 의미를 모르고 잘못 사용하면 아주 낭패를 보게 되므로 듣는 이에게 비언어를 사용하려면 반드시 사전에 확인하여야 한다. 아무리 범용적인 비언어(Universal Non-Verbal Language)라고 해도 의외의 결례가 될 수 있다.

1993년 당시 미국 대통령 조지 부시(George Bush)가 호주를 방문했을 때 환영 나온 호주인들에게 손등이 보이게 V자를 그려 감사를 표했다. 하지만 이는 호주인들에게 엄청난 모욕을 주는 비언어였고 호주 언론들은 이를 기사화했다. 손등이 보이는 V자는 호주에서는 '뒤집은 평화(Reverse Peace)'라고 하여 상대방에게 '죽으라'는 뜻의 비언어였기 때문이다. 입을 다물고 행동으로 말을 하면 그 말은 더욱 약이 되거나 독이 될 수 있다. 그래서 비언어는 여러분의 마음속 메시지를 더 잘 표현하고 싶을 때 섬세하게 사용해야 한다.

"

**눈이 말하는 것과 입이 말하는 것이 다를 때,
사람들은 첫 번째가 말하는 것을 더 믿습니다.**

랄프 왈도 에머슨(Ralph Waldo Emerson), 미국 사상가

"

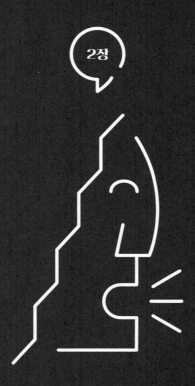

원칙 ②
요약과 각인

말뜻을 효과적으로 전달하는 말하기 원칙

...

내비게이션은 지구 위에 떠 있는 GPS 인공위성을 통해 정보를 받아 인공위성이 알고 있는 길과 방향으로 차량을 유도한다. 즉 내비게이션이라는 완벽하면서도 디테일한 시스템은 사실 저 멀리 떠 있는 인공위성이 자체 정보를 기반으로 위에서 내려다보며 내비게이션으로 정보를 전송할 때 가능한 것이다. 겹침 없고 빠짐없이 말하기 위해 내비게이션 프레임을 쓰면서도 '말길'을 잘 가고 있는지 인공위성처럼 전체적으로 조망하는 것을 잊지 말자. 말하기는 각인과 자각이 반반이다. 상대에게 깊이 새겨주려면 여러분이 무슨 말을 하고 있는지 늘 알고 있어야 한다. 여러분의 말하기를 위에서 끊임없이 보아야 한다.

평소에 건강을 자신하던 사람이 갑작스레 병이 찾아와 본인은 물론 주변에도 충격을 주는 경우가 있다. 말도 그렇다. 말실수는 늘 말을 잘한다고 소문난 달변가의 입에서 나온다. 말을 잘하지 못하는 사람들은 말실수가 없다. 말을 잘 안 하기도 하지만 워낙 조심해서 하기 때문이다.

말을 잘하는 사람들은 왜 말실수가 잦을까? 우선 말을 잘한다고 하는 사람이 자칫 자만해지고 분위기에 들떠서 자기 말에 도취하면 자기의 역량(Capacity) 이상으로 말을 많이 하게 된다. 그러면서 머리보다 입이 빨라져 실수를 한다. 또, 말을 잘하려는 욕심, 대중의 시선을 끌 의욕으로 계획하지 않은 영역까지 확장해서 말하다가 실수하는 경우가 있다. 공인들이 관심을 끌려고 SNS에 올리는 센 글 속에서, 혹은 정치인들이 기자들의 쏟아지는 질문에 정신없이 답을 하다가 큰 실언을 하는 경우다.

오죽하면 일본의 한 정당은 말실수 방지 매뉴얼을 배포하기도 했다. 워낙 일본 국회의원들이 자주 실언을 하다 보니 그런 매뉴얼이 나온 듯하다. 일본 자민당은 소속 의원에게 '실언, 오해를 방지하려면'이라는 제목의 말조심 매뉴얼을 나눠주었다. 매뉴얼 맨 앞에 '발언은 편집되어 사용된다는 점을 의식하라'고 쓰여 있다.

이 매뉴얼에는 말조심해야 할 사항 5가지도 있었다. ① 역사 인식, 정치 신조에 대한 개인 의견, ② 성별에 대한 견해, ③ 재해에 대해 배려가 부족한 발언, ④ 병이나 노인에 대한 발언, ⑤ 친한 사람과 나누는 잡담 표현 등을 조심하라고 되어 있다.

또 말하기를 준비하지 않고 즉흥적인 수사나 사례를 인용하다가 길을 잃고 논리적 오류에 빠지는 경우도 있다. 예를 들면 '돈이 성공의 척도는 아니다'라고 말하고 나서 '세계 10대 부자'를 성공한 인생의 사례로 드는 경우이다. 말하기에서 핵심이 흐려지고 모순된 말을 하기 시작하면 듣는 사람은 이제 논리적 오류를 검토하는 검열자의 위치가 된다. 그래서 또 무슨 틀린 말을 할까 찾게 되고, 몇 번 더 오류를 발견하면 결국은 저 사람 말은 앞뒤가 안 맞는다고 결론을 내린다. 그래서 듣기 좋은 백 개의 말보다 치명적 오류가 있는 한두 개의 말이 말하는 사람 에겐 결정적인 실점이 된다는 것을 절대 잊지 마라.

● 말 욕심을 덜어내면 말이 달라진다

나름 말 잘한다는 사람이 준비 없이 순발력에 의존하며 '말 욕 심'을 부리게 되면 한번은 큰코다친다. 나는 정은아 아나운서가 진행하는 라디오 방송에서 '직장인의 자기계발'에 관한 녹음방 송을 몇 주간 한 적이 있다. 처음 출연 요청을 받고서 의욕적으 로 원고를 작성하며 나의 실력을 제대로 보이려고 작심하고 있 었다. 이미 강연 경험도 많았고, 말도 또랑하게 잘하는 편이며, 얼굴이 보이는 TV도 아니고, 라디오에다가 녹음방송이니 부 담도 없었다. 녹음 당일 한여름에 여의도 방송국으로 갔다. 여 유롭게 물통 하나와 대본을 들고 어정어정 스튜디오로 걸어갔다. 녹음 스튜디오에 도착해 정은아 아나운서와 가벼운 인사를 나누고 내 책을 선물로 주고, 피디의 큐 사인에 따라 그날 예정된 3회분 중 1회분 녹음을 시작했다. 처음엔 내가 봐도 정말 청산유수였다. 그런데 에어컨이 작동하는 스튜디오였는데도 시간이 지날수록 자꾸 땀이 났다. 무언가 잘못되고 있다는 생각이 들었다. 원고에 쫓기며 말하다 보니, 거의 스포츠 중계하듯 숨도 어디서 쉬어야 될지 모를 정도로 읽기 바빴다. 콘텐츠는 둘째치고 내용 전달이 이미 엉망이 된 상태였다. 피디가 스튜디오로 들어오더니 내게 말했다. '안 되겠어요. 오늘은 여기까지만 녹음하시죠. 다시 연락드리죠.' 얼굴이 화끈거렸고, 머릿속은 하얘졌다. 녹음하다가 쫓겨난 모양새가 되었다. 얼마나 당황했는지 스튜디오에 손수건까지 두고 나왔다. 터덜터덜 걸어 나오니 한여름의 여의도 방송국 주차장이 사하라 사막처럼 느껴졌다. 창피했고, 자존심도 상했고, 방송인의 꿈을 꾸던 내게는 절벽 위에 선 것 같은 첫 경험이었다.

곰곰이 생각해보았다. 내가 무엇을 잘못했을까? 다음 날 피디의 전화를 받고 알게 되었다. 내가 라디오 청취자를 너무 몰랐던 것이다. 프로그램 특성에 따라 다르겠지만, 어떤 방송이든 그 시간대에 방송을 듣는 사람들의 취향에 맞추어야 한다는 점을 너무 몰랐다. 그저 나 혼자 강연하듯 떠들었던 것이다. 말욕심을 부린 거다. 라디오는 청취자가 대부분 어떤 일을 하면서 같이 듣는다. 그래서 바로 옆에서 대화하듯 더 쉽고 친근하게 말해야 하고, 그러면서도 유익하게 말을 했어야 했다. 복잡한 언어를 써가며 숨 가쁘게 나 혼자 일방적으로 원고를 읽으니 듣는 이의 입장에서는 불편할 수밖에 없다. 피디는 이미 청취자와의 약속이니 멈출 수는 없고, 다음 주에 다시 한번 3회분 녹음을 할 테니 잘 준비해오라고 말하며 전화를 끊었다.

나는 다른 라디오 방송들을 듣기 시작했다. 나의 결론은 하나였다. '내가 과욕만 부리지 않으면 되는구나.' 말하기에 거품을 빼고, 편안하면서도 조목조목 귀에 쏙쏙 들어오게 하는 데에 초점을 맞추면 되는 거였다. 마음을 고쳐먹고 차분히 연습을 했다. 다음 주가 되었다. 훨씬 나아졌다는 아나운서와 피디의 격려에 힘입어 원래 방송분보다 기간도 더 늘고, 팬으로부터 메시지도 받고, 방송 시간대도 직장인들이 듣기 좋은 시간대로 옮겨갔다. 무얼 더하려고 하지 않고, 오히려 힘 빼고 부담스러운 말하기만 안 해도 호응이 훨씬 좋아진 것이다.

실점 없는 말하기에 꼭 필요한 두 가지, 존중과 힘 빼기

말하기에 실점 포인트는 또 있다. 바로 사회적 약속과 관행 혹은 상대의 동의 없이 말을 하대하는 경우이다. 아무리 나이가 많고 선배라도 상대를 쉽게 하대해서는 안 된다. 동의나 양해 없는 반말은 듣는 사람뿐 아니라 말하는 사람의 품격도 낮춘다. 직장에서도 우선은 후배 직원에게 존대하는 습관이 몸에 배도록 하라. 존대의 습관이 몸에 배면 보다 신중해지고 신뢰감을 얻게 될 것이며 불측의 순간에도 평소 존중하던 습관 덕분에 큰 실수를 하지 않는다.

나는 '삼성인재개발원'의 소개로 대형 로펌 '율촌'에서 '고객과의 대화 기술'에 관한 강연을 한 적이 있다. 우리나라의 대형 로펌에 있는 파트너급 변호사들은 전 세계적으로도 실력이 좋기로 유명하다. 법학 교육도 엄격한데다가 법조인이 되어 철저한 도제 교육 등을 받았기 때문이다. 그런데 이런 실력 있는 변호사들이 강연을 듣겠다며 나를 초청했다. 나도 기업의 사내 변호사를 오랫동안 했기에 강연 요청을 흔쾌히 수락했다.

과연 무엇이 문제일까 궁금해하며 강연 준비를 했다. 리서치를 해보니 로펌들에서 주로 우려하고 있는 사항은 혹시나 변호사들이 로펌을 찾아온 고객을 가르치거나 심지어 주의를 주거나, 아니면 무시하거나 자신의 말만 일방적으로 하는 등의 잘못된 말하기를 하고 있지 않을까 하는 것이었다. 또한 변호사가 고객이 이해하지 못하는 전문 용어만 사용한다든지, 문자로만 소통한다든지, 감정적으로 대화한다든지 하는 경우도 우려하고 있었다. 모두 말하기의 실점 포인트들이었다.

내 강의 내용은 우선 고객에게 로열티(충성심)를 가져야 한다는 것이었다. 앞으로는 인공지능이 많은 전문 분야를 대체하고, 특히 컨설턴트, 회계사, 변호사 등 지식전문가들은 서서히 인공지능으로 대체될 것이다. 2016년 발간된 '세계미래보고서 2045'에 따르면 2045년경 기술에 의해 대체될 가능성이 가장 큰 직업 중 하나가 변호사라고 한다. 2017년 영국 유명 로펌 변호사들과 케임브리지 법대생들이 만든 인공지능 '케이스 크런처 알파'가 법률 시합을 했는데 인공지능 변호사가 압승한 바 있다. 그래서 나는 앞으로의 변호사들은 고객들에게 말하기로 인간적인 로열티를 보여주어야 한다고 강조했다.

다음으로 강조한 것은 이보다 더 쉬울 수 없도록 말하라는 것이었다. 골프를 잘 치려면 어깨에 힘을 빼야 하듯 말에도 힘을 빼야 한다. 그리스 격언 중에 '말은 벽을 쌓지 않는다'는 말이 있다. 말로 이전에 있던 벽도 허물 수 있어야 하는데 오히려 말 때문에 벽이 생기는 경우도 있으니 조심하라는 얘기였다.

소크라테스는 '목수와 말할 때는 목수의 언어를 쓰라'고 했고, 아인슈타인은 '여섯 살짜리가 이해하지 못하면 아무도 이해하지 못한 것이다'라고 말했다. 쉽게 말한다고 해서 말하는 사람도 쉬워 보이지는 않는다. 오히려 어떻게 저렇게 잘 소화해서 듣는 사람이 이해하기 쉽게 말을 해줄까 하는 존경심을 가지게 된다.

말은 종종 칼이 되기도 한다. 말은 듣는 사람을 찌르기도 하지만, 말을 하는 사람 자신을 찌르기도 한다. 더구나 소셜 미디어의 강력한 전파력 덕분에 말 한마디로 곤욕을 치르는 공인들도 많이 보았다. 소 잃고 외양간 고치지 마라. 과거에는 말은 하고 나면 끝이었지만, 이제는 변명의 여지없이 글보다 더 강하게 기록된다. 말하기는 득점보다 실점에 신경 쓰자.

"

할 말이 없을 때에는 말하지 말아야 한다.

볼테르(Voltaire), 프랑스 작가

"

02 | 시간을 버리지 않도록 핵심만 말하라

누구나 다 공평하게 가진 재산이 있다. 하루 24시간이라는 재산이다. 누구도 자기 재산은 뺏기고 싶지 않고, 마찬가지로 남의 재산도 뺏으면 안 된다. 상사가 회의를 시작하면서 자기 아이가 축구 시합에서 한 골 넣고, 피아노 대회에서 입상한 이야기부터 말하기 시작한다면 그는 여러분의 재산을 뺏는 도둑이다. '시간 도둑' 말이다.

『개구리를 먹어라』의 저자 브라이언 트레이시(Brian Tracy)는 '가장 중요한 것은 직장에서 보내는 시간의 질이며, 가정에서 보내는 시간의 양'이라고 했다. MZ세대에게는 시간 자원을 얼마나 효율적으로 이용하고 개인 시간을 얼마나 많이 확보하는지가 중요한 관심사이다. 만약 여러분이 말하기로 동료, 상사, 고객의 시간을 비효율적으로 빼앗는다면 듣는 상대는 불만이 쌓이고 말하기 그 자체가 '갈등 요인'이 된다. 여러분이 상대방의 시간을 비효율적으로, 혹은 업무와 무관하게, 혹은 강압적으로 침해하거나 잠식하면 그들은 여러분을 피할 것이다. 왜냐하면 아무 도움도 안 되는 '저질(低質) 말하기'이기 때문이다.

그래서 말하는 사람은 듣는 사람의 시간을 '존중'하고 그 시간 내에 어떻게 말을 잘할 수 있을지 궁리해야 한다. 예를 들어 여러분이 상사인데 후배 직원에게 업무를 지시한다고 하자. 부가가치 없는 지시를 하거나, 업무를 제대로 파악하지 못한 채 지시를 하거나, 직원이 잘하고 있는데 괜히 간섭하고 훈수를 두면 기본적으로 여러분은 그들을 존중하지 않는 거다. CEO들은 온통 자율성과 권한 위임을 외치고 있는데 여러분이 간섭하면서 중언부언하면 직원들이 여러분을 좋아하겠는가?

남의 시간을 뺏으면서 말을 하면 말을 잘 못 하는 게 아니라 듣는 사람을 배려하지도, 존중하지도 않는 것이다. 말은 목과 혀에서 나오는 게 아니다. 말은 생각과 마음에서 나온다. '말잘러'이자 '일잘러'가 되려면 합리적이고 명확한 말하기를 해야 한다.

그러면 성과는 따라오게 되어 있다. 말이 일하는 데 '힘'이 될지 '짐'이 될지는 여러분의 말하기에 달려있다.

●   핵심 말하기의
                                            진짜 의미

힘이 되는 말하기는 무엇일까? 듣는 사람의 시간을 '존중'하는 말하기는 무엇일까? 뾰족하게 말하면 된다. 뾰족하게 말하라는 것은 날카롭게 말하라는 것이 아니다. '핵심'을 말하라는 것이다. 핵심? 짧게 말하는 것이 좋을까, 강하게 말하는 것이 좋을까? 우리는 핵심만 말하라고 하면 무조건 짧고 강하게 말하는 것을 떠올린다. 핵심만 말하라는 것은 시간 대비 가성비가 높은 말하기를 뜻한다. 한 번을 얘기했지만 열 번을 얘기한 것과 같이 듣는 이의 머리와 가슴에 콕 박히는 말하기가 핵심 말하기이다. 경영학의 그루 피터 드러커(Peter Drucker)는 말하기에 대해 이런 명언을 남겼다.

"내가 무슨 말을 했느냐가 중요한 게 아니다. 상대방이 무슨 말을

들었느냐가 중요하다."

즉, 상대방의 입장에서 불필요하게 시간도 안 뺏기고, 하지만 절대 잊히지 않는 말을 들었다면 그게 핵심을 말한 거다.

핵심을 말하려면 어떻게 해야 할까? 우선 핵심을 말하지 못하는 이유부터 알아야 한다. 여러분에게 똑 부러지게 말할 용기나 자신감이 없어서 말이 겉도는 경우도 있을 거고, 그냥 여러분이 편한 대로 말하다 보니 장황해지는 경우도 있을 거다. 또 자신도 잘 모르기 때문에 요약해서 말할 수 없는 경우도 있을 거고, 자기 현시욕(Endeavour for Recognition)이 강해서 자신의 존재를 강하게 어필하려다 보면 말이 길어지는 경우도 있다. 핵심을 말하지 못하는 가장 큰 이유는 상대방의 시간에 여러분이 아쉽지 않을 때이다.

나는 핵심만 말하는 훈련을 오래 해왔다. 나는 회사에서 주로 법무를 담당하다 보니 외부 로펌 변호사를 만나는 일이 많았다. 시간당 비용을 받는 변호사들과 말을 나누다 보니 내가 말하는 시간이 곧 회사의 비용이 되었고, 그래서 늘 핵심만 말해야 했다. 내가 넋두리하고, 내 자랑을 하고, 수다를 떨다 보면 모범택시 미터기처럼 요금이 계속 올라가는 걸 알고 있었기 때문이다. 어쩌다가 회사 대표와 함께 변호사를 만나러 가는 길이면 미리 귀띔해두었다. '변호사들은 담배 한 대, 차 한 잔을 마셔도 원칙적으로는 모두 시간이 청구됩니다. 그래서 저는 상담할 때는 음료도 바로 마실 수 있는 찬 음료를 선택합니다'라고 말이다.

여러분이 만약 상대와 말하는 시간만큼의 비용, 즉 '시간 값'을 지불해야 한다면 여러분의 요약력은 당연히 엄청나게 강해질 것이다. 누가 바로 갈 수 있는 길을 빙빙 돌아가는 택시를 타고 싶겠는가?

핵심 말하기의 기본

① 시간

핵심 말하기의 첫 번째 기본은 시간이다. 시간 안에 얼마나 말을 잘할 수 있느냐이다. 여러분이 스타트업 대표로서 투자자를 만나러 간다고 하자. 투자자는 늘 시간이 없다. 투자해달라고 하는 사람들이 줄을 섰다. 그래서 투자를 받기 위한 프레젠테이션을 피칭(Pitching)이라고 한다. 머뭇거릴 틈 없이 공을 던지는 야구 투수를 피처라고 하듯, 여러분은 투자를 받기 위해 투자자를 포수로 생각하고 스트라이크 존으로 거침없이 정확하게 공을 던져야 한다.

시간은 얼마나 생각해야 할까? 딱 10분에 맞춰 준비하라. 10분이면 사람의 생각을 충분히 바꿀 수 있는 시간이다. 왜 학교에서 50분 수업하고 10분을 쉴까? 10분은 몸도 마음도 생각도 다음 스테이지로 전환하기에 충분한 시간이기 때문이다. Just Ten Minutes! 그 10분 안에 3가지를 말하라. 우리는 숫자 3을 좋아한다. 3차원의 세계에서 살고 있기 때문이다. 10분과 3가지는 합리적인 조합이다. 보통 PPT 슬라이드 한 장에 1분 30초 내지 2분이 사람의 시선을 잡아두기 좋은 시간이다. 그래서 PPT 대여섯 장은 딱 10분 분량이다. 질의응답을 빼고 말이다.

내가 사회 초년병 시절에 한번은 외국계 광고 회사에 면접을 보러 간 적이 있다. 그때 면접관의 질문이 'Tell me yourself'였다. 만약 내가 면접관이 준 10분 동안 나의 장점 3가지를 말할 수 있었다면 합격했을 것이다(결과는 여러분 짐작대로이다). 내가 좋아하는 영화 〈인턴〉에 이런 대사가 있다. 영화 속 주인공 벤은 미래의 면접관에게 이렇게 설명한다. 'I am loyal, I am trustworthy, and I am good in a crisis.' 역시 3가지만 정확하게 얘기한다.

자, 이제 당신 앞에 투자자가 있다고 생각하고 10분 동안 3가지를 피치해보자. 딱 3가지라면 무슨 얘기를 해야 할까? 투자자에게 '우리는 특정 니즈를 가진 고객을 위해 차별적인 핵심 효용을 주는 특정 카테고리의 제품 혹은 서비스를 판매할 계획입니다'라고 얘기해야 한다.

이것을 3으로 분리해보면 이렇다. 첫째, 현재 타깃 고객들이 불편함 때문에 '어떤 니즈'를 찾고 있는지, 둘째, '다른 경쟁사'들은 '어떻게 그 니즈를 해결해주고' 있는지, 셋째, 하지만 우리 회사는 우리만의 제품과 서비스를 가지고 '어떻게 차별적으로' 그 불편함을 해소해줄 것인지만 설명하면 된다. 10분이면 이 3가지를 설명할 수 있다. 핵심 말하기란 정리된 시간 속에서 정리된 메시지를 전하는 것이다. 어떤 주제든 간결하게 말할 수 있다면 언제든 길고 자세하게 말할 수 있다. 반대로 간결하게 말할 수 없다면 길게 말할 수는 있으나 정교하게는 말할 수 없다.

② 구조

핵심 말하기의 두 번째 기본은 구조이다. 구조가 없이 덕지덕지

갖다 붙이면 핵심은 어디다 붙여야 될지 모르게 된다. 건물을 지을 때 골조만 단단히 지어 놓으면 거기에 무엇을 얼마나 더 붙일지는 유연하게 결정할 수 있다. 핵심 말하기의 구조로 가장 많이 인용되는 책은 조셉 맥코맥(Joseph McCormack)의 『브리프』이다. 이 책에서 저자는 핵심을 말하는 구조로 BRIEF를 강조한다. 간결하게 말하는 기술 '브리프 맵(BRIEF Map)'이다.

B: 배경(Background) 또는 서론(Beginning)

R: 근거(Reason) 또는 타당성(Relevance)

I: 핵심정보(Information)

E: 결말(Ending)

F: 받거나 하리라 예상되는 추가내용(Follow-up) 또는 질문의 첫 글자

브리프의 예를 들어보면 다음과 같다.

B: 우리 회사는 마진이 조금 적더라도 이 제품을 더 많이 팔려고 합니다.

R: 그렇게 박리다매하는 것이 우리 회사에겐 유리하거든요.

I: 그래서 하나 사시면 하나를 무료로 더 드립니다.

E: 그러니 이 제품을 구매해주세요.

F: 궁금한 점 없으시죠?

이렇게 구조를 갖추면 말이 머릿속에 또렷이 오래 남는다. 어떤 말이든지 늘 기본 구조만 짜면 브리프하게 말할 수 있다. 그렇게 브리프하게 한 말을 더 간결하게 줄일 수도 있다. 위의 BRIEF에서 예로 든 말을 최대한 줄이면 결국 '1+1'이다. 쇼핑을 하러 온 사람들이 다섯 줄이나 읽을까? 한 줄로 압축해야 한다.

조셉 맥코맥이 말했듯, 핵심을 말하는 것은 단순히 시간을 짧게 얘기하라는 게 아니다. 더 중요한 것은 듣는 사람에게 얼마나 오랫동안 기억되느냐에 관한 것이기도 하다. 핵심을 말하고 싶다면 구조부터 갖추라. 그리고 그 구조에 적당히 살을 붙여 시간 안에 말하면 된다.

“

지나친 것들은 전혀 없는 것과 같다.

블레즈 파스칼(Blaise Pascal), 프랑스 수학자

”

03 | 거절할 때는 미안함을 드러낸다

우리는 대면을 참 불편해한다. 굳이 말을 하고 싶지 않아서도 그렇고, 만나는 것과 함께 있는 것 자체가 불편해서 가능하면 대면을 안 하려고 한다. 요즘 다른 사람과 직접적인 대면 없이 서비스를 이용하는 비대면 서비스(Untact Service)나 비대면 주문기(Kiosk)가 각광받는 이유이다. 사람들이 타인과의 대화와 관계에서 피로감을 느끼면서 '비대면 서비스'가 점점 성장하고 있다.

특히 얼굴을 마주 보며 거절하는 말하기는 참 어렵다. 거절은 기본적으로 상대방의 기대를 파괴하는 말하기이다. 그러니 거절하는 본인도 마음이 편하지 않은데 얼굴까지 보면서 거절하면 상대방의 낙심과 실망, 심지어 비난까지 모두 봐야 하는 고충이 있다. 그래서 우리는 거절하는 말하기를 할 때에는 최대한 대면을 하지 않으려고 노력한다.

● 관계 지향이 거절에 미치는 영향

우리나라를 비롯한 동양권은 '관계 지향형(Relationship Oriented)' 사회다. 우리는 말하기에 있어 종종 직급이나 가족, 연령 등으로 관계를 설정하고, 그 관계를 기반으로 말을 한다. 그래서 상대와 갈등을 일으킬 수도 있는 말하기나 위계질서 혹은 설정된 관계에 어긋나는 말을 하기가 무척 어렵다. 대화를 하다가 갈등 요소가 생기면 단순히 말에서 끝나는 것이 아니라 심각한 경우에는 관계까지 망가지기 때문이다.

일반적으로 직장에서의 말하기에는 '상명하복의 문화'가 강하여 상사나 조직의 지시를 반대 없이 수용해야 좋은 후배 직원으로 평가받는 경우가 많았다. 대표적인 예가 문자로 답을 할 때 사용하는 '넵', '네', '예?' 등의 사소한 차이이다. 나도 24년간 직장 생활을 하면서 가장 많이 한 말 중 하나가 '무슨 말씀이신지 잘 알겠습니다'였다. 내가 그렇게 말하면 상대도 대부분 만족해했다. 그만큼 우리는 위에서 내려오는 말을 그대로 받아들여야 하는 사회였다.

사실 이러한 말 주고받기는 스스로 생각하는 '자립적 사고'를 방해한다. 그러다 보면 어느 순간 예스맨이 되어서 혁신적으로 일하려고 생각하지 않는다. 만약 거절하면 관계가 상하고 때로는 눈 밖에 나기도 하기에 그냥 대답하고 마는 것이다. 그러면서 스트레스가 쌓인다.

나 같은 기성세대만 거절을 불편해하는 게 아니다. '거절 장애'라는 말이 일상화된 것으로 알 수 있듯이 젊은 세대도 거절하는 말하기가 불편하다. FOMO(Fear of Missing Out·고립공포감)를 강하게 느끼는 젊은 세대들은 자칫 거절이 집단으로부터 자신이 소외되는 원인이 될까 봐 애매한 단어를 사용해 거절하거나 심지어 침묵하기 때문에 오해가 발생하기도 한다. 특히 요즘은 '망상성 인지(Paranoid)'라고 해서 자기가 보낸 문자를 상대가 읽지 않거나, 읽고도 곧바로 답이 없으면 '읽씹'이라고 성급하게 판단하고 착각해 피해망상에 시달리는 등 SNS에서의 거절에 더욱 예민해졌다.

●

이익 지향 사회의
다양한 거절법

반면에 '이익 지향형(Interest Oriented)'인 서구 사회에서는 자신에게 이익이 없으면 그 불일치를 우회적으로라도 설명하는 것이 상대에게 혼돈을 주지 않고 또한 자신의 이익을 지키는 것이라는 생각이 당연시되어왔다. 그래서 서양에서는 수많은 '거절어'와 '비언어 거절법'이 연구되어왔다. 한 예로 미국 컬럼비아대학교의 레슬리 비비(Leslie Beebe) 교수가 발표한 서구식 거절 방법을 보면 거절에 얼마나 다양한 언어와 비언어를 쓰는지 알 수 있다. 물론 서구 사회도 인간관계를 생각하기 때문에 다양한 이유로 거절을 한다. 논문에서 참고할 만한 내용을 인용하고, 내 경험에 비추어 의견을 덧붙였다.

우선 딱 잘라서 'No' 하는 경우다. 이럴 때 쓰는 영어 표현은 '거절해(I refuse)'이다. 딱 잘라서 No는 아니지만, No나 다름없는 말인 '난 할 수 없어, 난 그럴 생각이 없어(I can't, I won't, I don't think so)' 등과 같은 말이다. 여기까지는 직접적인 거절법이다. 영어는 뒤 문장을 생략해도 크게 무례하게 느껴지지 않지만, 우리가 만약 '난 싫어, 난 못 해'라고 딱 잘라 말하면 다시 보지 말자는 얘기가 될 수도 있으니 조심히 사용해야 한다.

한편, 간접적인 거절 말하기는 분류해보면 참 많다.

① 아쉬움을 표현하는 말로 거절한다. '미안한데…'라는 말 뒤에 거절하는 말을 붙이는 거절법이다. 우리가 제일 많이 사용하는 거절법 중에 하나이다.

② 바람으로 거절한다. '나도 도울 수 있으면 좋겠는데…'라며 동조하는 말로 시작해 거절하는 방법이다. 역시 일반적으로 거절하면서 많이 사용하는 말이다.

③ 거절의 이유를 구체적으로 설명하고 이유를 대는 말하기이다. '그날은 애들이 집에 있어서 말이야' 혹은 '내가 두통이 있어서 말이야'와 같이 무언가 핑계가 될 수 있는 이유를 댄다. 이런 이유를 들으면 반박하기 참 어렵다. 그래도 성의 있는 거절법이다.

④ 대안을 제시하는 거절법이다. '나는 차라리 그거 대신 이
   건 해줄 수 있어' 혹은 아예 '나는 못 해주니 다른 사람을
   찾아보는 건 어때?'라고 다른 대안을 제시하며 간접적으
   로 거절하는 말하기이다. 그나마 친절하게 들릴 수 있는
   거절이다.

⑤ 지금은 부탁을 들어줄 상황이 아니라는 거절법이다. '진
   작 물어봤으면 할 수 있었을 텐데'라고 말하는 것이다. 내
   경험으로는 이런 이유로 거절한 사람은 다시 부탁해도
   같은 이유로 거절한다.

⑥ 미래를 기약하는 거절화법이다. '다음 기회에 꼭 도와주
   지'라고 말하며 이번에는 안 된다고 말하는 거다. 사람은
   일단 한 번 거절당하면 웬만해서는 그 사람에게 다시 부
   탁하고 싶어 하지 않는다. 혹시 이런 대답을 들었다면 그
   사람을 정말 신뢰하고 있고, 또 그 사람이 당신에게 미안
   한 마음을 가지고 있을 때만 다시 부탁해도 좋다.

⑦ 원칙을 얘기하며 거절하는 방법이다. '난 친구랑은 원래

비즈니스 안 해'처럼 자신만의 원칙이나 철학을 이유로 거절하는 거다. 갑자기 없던 철학이나 원칙이 튀어나와 일관성이 없어 보일 때도 있다.

⑧ 상대방을 역으로 설득하는 경우이다. 예를 들어 초대를 받았을 때 '난 오늘 밤은 재미없을 거 같은데'라고 상대방에게 반대 의견을 말하는 화법이다. 김새게 말해서 말한 사람도 뻘쭘해지는 경우이다.

⑨ 상대방을 갑자기 응원하며 거절하는 경우이다. '걱정하지 마, 다 잘될 거야'와 같은 말로 거절하는 방법이다. 부탁하는 사람이 듣고 싶었던 대답이 전혀 아니라서 상대를 당황스럽게 만드는 말이다.

⑩ 부탁을 들은 사람이 자기 방어를 하는 경우이다. '나는 최선을 다했어'라고 말한다. 최선을 다했다니 더 할 말은 없다.

⑪ 부탁으로 들은 말을 반복하면서 뜸을 들이는 경우이다.

'월요일에?'라고 들은 말을 되묻는다. 부탁을 들어줄 가능성은 반반이다. 월요일이 돼봐야 안다.

⑫ 일단은 미루는 거절법으로 '생각해볼게'가 있다. 잘못하면 희망 고문이 되기도 한다. 그래도 들은 답 중에서는 가장 기분이 덜 나쁘다. 하지만 이런 대답을 예상해 부탁하는 사람은 플랜 B를 준비해두길 권한다.

⑬ 부탁을 회피하는 비언어들로는 '못 들은 척', '갑자기 일어나 가버림', '머뭇거리는 동작' 등이 있다. 어려운 부탁을 한 사람으로서는 참 난감한 경우이다. 그래도 의사는 확실히 알겠다. 거절이다.

●
어떻게
거절할 것인가

이제 우리는 선택을 해야 한다. 어떻게 거절할 것인지 말이다. 우선 거절하는 말하기는 위에서 얘기한 것처럼 여러 가지 말을 쓸 수 있지만, 결론적으로는 상대방이 기분 나쁘지 않게 거절하는 게 중요하다. 말하기는 늘 그 말을 하기 전보다 한 후에 두 사람의 관계가 더 좋아져야 한다는 게 내 지론이다.

누군가 부탁을 해왔다면 더욱 미안해하면서 거절하길 권한다. 안 되는 이유가 아무리 당당해도 미안해하라. 부탁하는 사람은 이미 부탁을 하며 많이 겸연쩍고 미안해하고 있다. 그러니 일은 거절하더라도 상대방의 자존감까지 상처를 입히면 안 된다. 상대방에게 거절해서 미안한 마음을 전하라.

다만, 이유를 명확히 하고 생각도 명확히 하라. 종종 미안해하며 거절을 했는데 이를 수락이라고 오해하는 경우도 있다. 그래서 거절의 단어 '안 되겠다', '어렵겠다', '하고 싶지 않다', '못하겠다'라는 단어는 명확히 쓰되 미안한 마음을 담아라.

거절하는 말일수록 예의 바른 말하기가 좋다. 오히려 정제되어 상대방의 마음속에도 앙금이 남지 않는다. 상대방이 이유는 수용하지 못하더라도 의사(意思)를 수용하게 하면 그걸로 거절의 역할은 끝난다. 거절은 부탁만큼 미안하게 말하라.

나는 2019년 세계 지식 포럼에서 『거절당하기 연습』의 저자 지아 장(Jia Jang)을 만나서 잠시 얘기를 나눌 기회가 있었다. 그의 말에 따르면 거절과 실패는 다르다. 거절을 당한 사람을 위해 이렇게 조언하고 싶다. 혹시 누군가에게 거절을 당한다면 그 순간의 의견에 불과하다고 생각하라. 그리고 부탁했던 것을 미안해하지 마라. 거절당했지 않은가.

"

**친절하게 거절하는 것은
그래도 무엇인가를 주는 것과 마찬가지다.**

푸블릴리우스 시루스(Publilius Syrus), 고대 로마 작가

"

04 | 말은 겹치지 않고 빠짐없이 하라

인공지능, 로봇기술, 자율주행차 등이 주도하는 차세대 산업 혁명인 4차 산업 혁명의 특징은 무엇일까? 여러 가지 정의가 있겠지만, 나는 무결성(Integrity)이라고 생각한다. 무결성이란 '데이터의 정확성과 일관성을 유지하고, 데이터에 결손과 부정합이 없는 것을 보증하는 것'이다. 즉, 흠이 없고 모순 없이 완벽을 지향하는 것이 내가 생각하는 4차 산업 혁명의 방향이다. 그래서 블록체인은 해킹되면 안 되고, 자율주행차는 운전자와 상관없이 안전하게 가야 한다. 인공지능은 오작동을 일으키면 안 되며 로봇은 결코 사람을 해치지 말아야 한다. 우리는 일상에서

원칙 ② · 요약과 각인

이런 무결성을 늘 경험하고 있다. 그러다 보니 이제 말하기에도 이런 무결성이 요구된다.

말하기에서 요구되는 무결성은 무엇일까? 말에 흠과 틈이 없는 것, 그것이 말하기의 무결성이다. 그래서 나는 늘 'MECE(Mutually Exclusive, Collectively Exhaustive)'를 강조한다. MECE는 정보(아이디어, 문제, 솔루션 등)를 상호 배타적인 요소(ME)와 집합적으로 완벽한 요소(CE)로 구성하는 데 사용되는 방법이다.

상호 배타적(Mutually Exclusive)이라는 것은 요소 간에 겹치지 않음을 의미한다. 정보가 두 번 반복되지 않는 것이다. 집합 총괄적(Collectively Exhaustive)이란 모든 요소가 통합되어 있다는 것을 의미한다. 아무것도 생략되지 않는 것이다. 간단히 말하면 '겹침 없이, 빠짐없이'라는 말이다.

퍼즐 세트가 완벽한 그림으로 완성되려면 어떤 퍼즐도 겹치거나 빠지면 안 된다. 말하기의 무결성은 완벽한 퍼즐이다. 그 퍼즐은 늘 전체 틀이 있다. 그 틀 안에서 겹치지 않고 빠지지도 않는 것이다.

MECE로 말길을 터주는 내비게이션 화법

① 말하기의 목적

MECE 프레임은 말하기에도 그대로 활용될 수 있다. 어떻게 사람이 겹침 없이 빠짐없이 말할 수 있을까? 프레임을 활용하라. 스마트폰에 하나씩 다 가지고 있는 앱이 있다. 바로 내비게이션이다. 운전할 때 흔히 쓰는 내비게이션이 바로 '겹침 없고 빠짐없는' 프레임이다.

우리는 내비게이션을 켜면 제일 먼저 목적지를 찍는다. 여기서 중요한 점은 처음에 목적지를 정확히 찍어야 한다는 것이다. 같은 이름인데 전혀 다른 곳도 있고, 똑같은 상호인데 전혀 다른 식당인 경우도 있으니 신중히 입력해야 한다. 만약 목적지의 상호나 주소를 잘못 입력하면 엉뚱하게 길을 헤매다 그날 하루를 다 날릴 수도 있다. 그래서 목적지를 정확히 하는 것이 무척 중요하다.

말하기에도 목적지를 정확히 입력하는 것이 매우 중요하다. 설득, 비판, 감동, 격려와 같이 무슨 목적으로 말하는지 정확히 해야 한다. 다기망양(多岐亡羊)이라는 말이 있다. 잃어버린 양을 찾기 위해 아무리 많은 사람이 동원되어도 계속 갈림길을 만나면 결국 양을 찾지 못한다는 뜻이다. 말하기에서도 처음부터 목적지를 정확히 콕 찍어두는 것이 중요하다. MECE 말하기의 가장 중요한 포인트이다.

MECE는 맥킨지와 같은 컨설팅 회사에서 사용되는 분석 기법이다. 컨설턴트는 고객에게 발생한 크고 복잡한 문제를 MECE 프레임워크를 통해 작고 해결 가능한 문제로 세분화할 수 있다. 이런 방식으로 문제를 구성하면 많은 장점이 있다. 컨설턴트는 문제의 모든 부분을 빠짐없이 고려해서 고객에게 최상의 솔루션을 제안할 수 있다. 또한 컨설턴트팀은 언제든 고객한 사람의 문제에 대해 의견을 나누고 이해를 공유할 수 있다. 그래서 팀 구성원 간에 작업을 분리할 때 유용하다. 즉 정보를 빠짐없이 겹침 없이 나누되, 늘 모아 두면 공유도 편하고 분리도 편하다.

나는 예전에 기업의 사내 컨설턴트(Internal Consultant)로 맥킨지와 일한 적이 있다. 그때도 MECE 방식으로 일을 했는데 가장 중요한 것은 해당 사업부를 컨설팅해서 찾고자 하는 솔루션이 무엇인지 처음부터 정확히 정하는 것이었다. 예를 들면 해당 사업부를 확장할지 축소할지 혹은 폐지할지가 컨설팅의 최종 도착점이었다.

② 말하기의 방법

목적지를 찍고 나면 그다음에는 내비게이션에서 경로를 선택
한다. 즉, 골목길로 다녀도 최단거리로 갈 것인가, 아니면 시간
이 걸려도 최적거리로 갈 것인가? 무료 도로로 갈 것인가, 아니
면 유료 도로로 갈 것인가? 이 정도는 기본이다. 내비게이션 음
성을 어떻게 설정할지, 지도는 어떻게 설정할지 등등 선택하고
설정할 것만 해도 넘치도록 많다. 말하기에서도 내가 할 말의
목적을 정하고 나면 그다음에는 어떻게 말을 구사할지 결정해
야 한다.

세계적인 커뮤니케이션 코치이자 앵커인 카민 갤로(Carmine
Gallo)는 『어떻게 말할 것인가』에서 말 전달의 요소로 다음과
같이 4가지를 제시했다.

"첫째는 '속도(rate)' 말의 빠르고 느림, 둘째는 '크기(volume)' 말
소리의 크고 작음, 셋째는 '강도(pitch)' 어조의 높낮이, 넷째는
'멈춤(pause)' 주요 단어를 강조하기 위한 짧은 멈춤이다."

그는 이어서 이렇게 말한다.

"인쇄된 글자를 읽을 때는 자연스레 형광펜을 사용해서 중요한 단어나 문장을 강조한다. 구두로 말할 때도 형광펜이 필요하다. 목소리를 높이거나 낮추고, 말을 하는 속도에 변화를 주는 것이다. 주요 단어나 문장을 말하기 전이나 말한 다음에 잠시 멈춰서 따로 가져가는 기술도 다른 방법과 함께, 혹은 단독으로 쓸 수 있다. 위 4가지 요소는 모두 중요하다."

말하기의 목적을 정하고 나면 경로를 선택해야 한다. 말의 경로란 말을 전달하기 위해 사용하는 요소들이다. 말을 좀 빠르게 할까, 목소리를 크게 할까, 말의 높낮이를 많이 둘까, 말을 가끔 멈출까 아니면 쉼 없이 할까와 같은 테크닉들, 이것은 우리가 종종 스피치 학원에서 배우는 기술들이다.

③ 말하기의 시간

내비게이션에서 목적지를 찍고 경로를 정했다면 그다음은 무엇이 나올까? 바로 도착 시간이다. 종종 우리는 내비게이션을 찍어서 도착 시간을 확인한 후 그 시간에 맞추어 출발한다. 이렇게 소요 시간이나 도착 시간은 무척 중요하다. 그런데 우리는 말을 할 때 가끔 시간 개념을 잊고 말이 끝나야 끝난다고 생각한다.

하지만 말하기에서 무척 중요한 것은 '정해진 시간 안에 말하기'이다. 노래방에서 노래 한 곡을 불러도 정해진 시간이 있다. 잘되는 유튜브들도 최적화된 시간이 있다. 영화도 상영 시간이 있다. 말하기에도 시간이 있다. 사람이 집중할 수 있는 시간은 말의 목적지에 따라 정해진다.

만약 소요 시간이 너무 길다면 목적지를 바꾸거나 경로를 바꾸어야 한다. 차에 연료가 떨어졌는데 자기가 다니던 단골 주유소를 목적지로 찍을 수는 없다. 가장 가까운 주유소를 찾을 수밖에 없듯이, 때로는 시간에 따라 말하기의 목적이나 경로를 바꾸어야 한다. 그만큼 시간은 말하기의 상수(常數)이다.

④ 말하기의 점검

내비게이션처럼 말하기는 말하기의 여러 요소를 한꺼번에 생각하게 해준다. 말하기의 목적이 무엇인지, 그리고 말하기의 4요소 '속도, 크기, 강도, 멈춤'을 어떻게 선택할지, 무엇보다도 주어진 시간을 상수로 얼마나 효율적으로 '말길'을 갈지 결정하게 해준다. 내비게이션처럼 일단 모든 설정을 끝내고 나면 이제 겹침도 없이 빠짐도 없이 운행하면 된다.

MECE의 예로 내비게이션 프레임을 말한 이유는, 내비게이션은 군더더기 없이 말하기 때문이다. '지금 목적지를 향해 제대로 잘 가고 있다'고 내비게이션은 반복하지 않는다. 또 내비게이션은 가는 동안 교통 상황이 나빠지거나 변수가 생기지 않는 한 갑자기 '다른 길로 한번 가볼까요?'라고 묻지 않는다. 겹치지도 않고 빠지지도 않고 목적지로 인도하는 본연의 역할에만 충실하다. 이렇게 내비게이션처럼 말하기를 설정하고 나면 정해진 머릿속 알고리즘에 따라 여러분의 말은 자동으로 목적지로 향하게 된다.

한 가지 잊지 말아야 할 점은 내비게이션은 늘 업데이트되어야 한다는 점이다. 한번은 내비게이션을 업데이트하지 않은 채로 어떤 건물을 목적지로 찍고 달렸는데, 도착해보니 건물은 다 부서지고 허허벌판에 공사 중인 현장이었던 적이 있다. 여러분의 말하기도 늘 업데이트되어야 한다. 여러분이 했던 말이 한번 잘되었다고 해서 그 방식 그대로 말했다가는 어느새 '말꼰대'가 될 것이다. 말하기의 주제와 특히 방식은 늘 업데이트해야 한다. 점점 짧아지는 말하기 시간에도 적응해야 한다.

내비게이션 말하기에서 놓치지 말아야 할 점이 하나 더 있다. 내비게이션은 지구 위에 떠 있는 GPS 인공위성을 통해 정보를 받아 인공위성이 알고 있는 길과 방향으로 차량을 유도한다. 즉 내비게이션이라는 완벽하면서도 디테일한 시스템은 사실 저 멀리 떠 있는 인공위성이 자체 정보를 기반으로 위에서 내려다보며 내비게이션으로 정보를 전송할 때 가능한 것이다.

여러분이 겹침 없고 빠짐없이 말하기 위해 내비게이션 프레임을 쓰면서도 '말길'을 잘 가고 있는지 인공위성처럼 전체적으로 조망하는 것을 잊지 말자. 운전석에 앉아서 화살표가 가리키는 내비게이션만 쳐다본다면 때로는 길을 놓치기도 하고 잘못 읽어 옆길로 빠지기도 한다. 운전석에서 평면 내비게이션을 보며 말길을 따라가더라도 늘 위에서 전체를 입체적으로 조망하며 내가 가고 있는 말길이 맞는지 수시로 점검해야 한다.

말하기는 각인과 자각이 반반이다. 상대에게 말하는 동안 깊이 새겨주려면 여러분이 무슨 말을 하고 있는지 늘 알고 있어야 한다. 여러분의 말하기가 MECE한지 앞에서, 위에서 끊임없이 보아야 한다.

"

가장 작은 사물 안에서 모든 것을 볼 수 있어야 한다.

요한 볼프강 폰 괴테(Johann Wolfgang von Goethe), 독일 작가

"

05 | 오감을 통합한 멀티 모드 프레젠테이션을 한다

경영학의 경계가 무너지고 있다. 앞으로는 생산관리, 마케팅, 재무, 인사, 전략 등의 전통적인 구분으로 경영을 설명할 수 없을 것이다. 스타트업을 예로 들면 마케팅과 전략을 구분하는 기존의 경영학으로는 설명하기 어렵다. 전통적인 B2B, B2C 구분에 따른 전략이나 마케팅은 스타트업에는 구닥다리 분류이다. 또 스타트업에서는 인사와 재무를 구분해서 말하기도 어렵다. 예를 들면 천재적인 인공지능 전문가 한 사람에게 주는 급여가 바로 이 회사의 재무 니즈를 좌우하기 때문이다.

앞으로는 이런 획정된 경영 지식, 즉 하드 스킬은 계속 변하고 그 변화는 더욱 시스템에 의존할 것이다. 반면에 말하기, 기획력과 같은 소프트 스킬은 휴먼 스킬로 더욱 강화되며 디지털 경제 속에서 큰 경쟁력이 될 것이다. 그리고 그 소프트 스킬끼리 더욱 융합해 '뉴 하이브리드 소프트 스킬'이 탄생하게 될 것이다.

표현과 인지의 황금비, 멀티 모드 커뮤니케이션

말하기는 정말 중요한 소프트 스킬이다. 당연히 스킬은 발전하게 되어있다. 말하기에는 단순한 육성을 통한 대화뿐만 아니라 몸짓, 복장, 시선, 자세 등이 모두 포함되어 결국 언어와 비언어가 합쳐져서 최적의 말하기가 된다는 점은 앞서 설명했다. 여러분이 가지고 있는 그런 언어와 비언어 요소, 기술 발전에 따른 외적 요소가 합쳐져 말하기는 멀티 모드 커뮤니케이션(Multimodal Communication)으로 더욱 발전해갈 것이다. 본 장의 멀티 모드 커뮤니케이션에 관한 내용들은 미네르바 스쿨의 멀티 모드 커뮤니케이션을 많이 참조했다.

멀티 모드 커뮤니케이션은 여러 가지 모드를 구분하고, 그 구분을 유기적으로 결합시킨 말하기이다. 지금까지 막연히 감으로 섞어서 해왔던 커뮤니케이션이 앞으로는 체계적으로 발전된다고 생각하면 된다. 대표적인 멀티 모드 커뮤니케이션이 프레젠테이션이다. 장래에는 표현 모드가 구분되고 새로이 조합되는 프레젠테이션 기술들이 등장할 것이다.

예를 들면, 매체를 구분해보자. 매체는 흔히 인쇄 매체와 스크린 매체로 크게 구분된다. 콘텐츠도 텍스트 중심 콘텐츠와 영상 중심 콘텐츠로 구분할 수 있다. 멀티 모드 커뮤니케이션이 일반화되면 종이로 출력한 유인물을 나누어주는 대신에 청중에게 SC(Small Computer)나 VR기기를 하나씩 나누어줄 것이다. 대형 스크린에 PPT를 띄워서 설명하고, 동시에 같은 화면을 볼 수 있는 태블릿 컴퓨터를 참석자들에게 나누어준다. 그들은 그 태블릿 컴퓨터를 이용해 입체적으로 링크를 오가면서 여러분의 말하기를 따라 올 것이다(이미 몇몇 레스토랑에서는 태블릿 메뉴를 쓰고 있듯이 말이다). 앞으로 i세대에게 PPT에 쓰인 글자들로 무언가 설명하기는 어려울 것이다. 그들에게는 틱톡만큼 비주얼이 강하면서 아주 빠른 전개의 영상 PPT가 효과적이기 때문이다.

멀티 모드 커뮤니케이션은 표현 방식과 인지 과학의 결합으로 효과가 검증된 말하기 방식이다. 다시 말해 말하는 사람이 다양한 요소를 사용하면 이 요소들이 듣는 사람에게 어떻게 효과적으로 인지되는지 연구되어 개선된 말하기 방법이다. 결국 멀티로 구분된 표현 모드를 어떻게 조합하여 효과적으로 말하기에 사용할 것인가가 멀티 모드 커뮤니케이션의 핵심이다. 그러므로 말하는 사람은 모드를 잘 세분화하고 이를 짜릿하게 조합해야 한다.

멀티 모드 커뮤니케이션을 잘하려면 우선 멀티 모드에 따른 멀티 기능을 잘 활용해야 한다. 사실 기성세대부터 이미 멀티 모드 커뮤니케이션을 경험해왔다. 그것은 흔히 학교에서 '시청각교육'이라고 불리던 커뮤니케이션이다. 단순히 인쇄 매체만 보지 않고 음성이나 영상을 결합한 교육 방식이다. 그러다가 파워포인트라는 소프트웨어가 나오면서 화면에서 소리도 나고 영상도 재생되고 텍스트도 나오는 초기 멀티 모드 커뮤니케이션이 생겨났다. 그때 그 멀티 모드 소프트웨어를 잘 활용해서 발표하는 '프레젠테이션'이라는 것도 함께 발전했다. 거대한 무대 위에서 터틀넥과 청바지라는 소박한 비언어로 무장하고 연단을 왔다 갔다 하며 신제품을 소개하던 스티브 잡스의 프레젠테이션도 그중 하나였다.

　이제는 파워포인트는 그냥 컴퓨터 화면이라는 종이에 쓴 글자나 다름없다. 더 웅장하고 화려한 멀티 모드 커뮤니케이션이 도입되고 있다. 그리고 더욱 디테일하고 자극적인 멀티 모드 커뮤니케이션으로 발전되고 있다. 무섭게 발달하는 디지털 기술 덕분에 인간의 오감을 통합하는 멀티 모드 커뮤니케이션이 가능해진 것이다. 모든 프레젠테이션의 청중은 결국 인간이다. 그래서 더욱 웅장해지거나 더욱 섬세해지면서 프레젠테이션 스킬이 인간 중심으로 발전하고 있다.

● 　　　　　　　멀티 모드 프레젠테이션의
　　　　　　　　5단계 프로세스

거대한 기술의 발달과 새로운 프레젠테이션 스킬의 도래는 확정된 미래이다. 그렇지만 우리는 아직 일상에서 소박한 멀티 모드 커뮤니케이션을 해야 한다. 직장에서 멀티 모드 커뮤니케이션을 실현해보기 가장 좋은 TPO(시간, 장소, 상황)는 프레젠테이션이다.

앞으로 다가올 멀티 모드의 시대에 대비해 회사에서의 멀티 모드 프레젠테이션은 어떻게 해야 할까? 가장 중요한 것은 먼저 청중이 느낄 오감에 어떻게 여러분의 말하기가 핫하고 쿨하게 전달될 수 있을지 고민해야 한다. 그러고 나서 여러분이 가진 모드와 여러분이 가지고 있지 않지만 활용할 수 있는 모드를 구분해서 준비해보자. 여러분이 가지고 있는 모드는 무엇일까? 여러분의 음성, 시선, 몸짓, 복장, 용어 등이 여러분이 가진 커뮤니케이션 모드이다. 그리고 여러분이 가지고 있지 않지만 사용할 수 있는 모드는 무엇일까? 디지털 기술, 그림, 공간, 향, 음악, 무대 등이다.

프레젠테이션은 늘 5단계 프로세스를 통합하여 멀티 모드 말하기로 구성된다. 마치 퍼즐 맞추기처럼 조각조각 맞추면 멋진 그림이 완성되듯이 말이다. 이런 조합을 구분해서 총 5단계로 나누어 멀티 모드 프레젠테이션으로 준비해보자.

1단계에서 여러분은 육성, 언어 선택, 제스처, 복장, 공간 활용 등 자신이 이미 가지고 있는 멀티 모드들을 잘 조합한다.

2단계에서는 여러분이 사용할 프레젠테이션 자료 내에 텍스트, 효과, 디자인, 음악, 영상 등을 잘 결합한다. 예를 들면 텍스트 이미지와 스크린 이미지, 동영상 이미지를 멀티로 조합하듯 말이다. 여기까지는 여러분이 가진 멀티 모드이다. 즉 여기까지는 여러분이 통제할 수 있는 멀티 모드들이다. 이다음부터는 여러분이 통제하기 어려운 멀티 모드들이다.

3단계에서는 여러분이 서게 될 공간과 연단을 보고 멀티 모드 프레젠테이션의 방해 요소를 사전에 점검하고, 필요하다면 제거해야 한다. 예를 들면 청중의 시야를 가리는 기둥이나 얼굴에 반사되는 조명 등이다. 반대로 멀티 모드 프레젠테이션을 돕는 요소가 있다면 이를 극대화해야 한다. 전면 유리창을 배경으로 무대에 선다든지, 하얀 벽을 배경으로 선다든지 말이다.

4단계에서 여러분은 프레젠테이션을 들을 청중에 대한 사전 분석을 해두고 그들과 어떻게 시선을 맞출지, 어떤 점을 강조할지 등 멀티 모드 말하기의 소구력을 높일 방법을 구상해야 한다.

5단계는 리허설이다. 이 리허설을 결코 사소한 것으로 생각해서는 안 된다. 여러분이 가진 멀티 모드들이 미세 조정되는 것은 바로 이 리허설 덕분이다. 그래서 각각의 멀티 모드가 최적화되고 나면 이제 여러분은 연단에 설 자격이 생기는 것이다.

콘셉트와 디테일로
승부하다

여기까지만 보면 그간의 조금 규모가 큰 프레젠테이션 준비와 무엇이 다른가 하는 생각이 들 것이다. 그런데 멀티 모드 말하기의 핵심은 모든 모드를 효과적인 말하기를 위해 전환하는 능력이고, 각 모드의 기능을 100% 활용하여 청자의 인지력을 높이는 것에 '초집중'한다는 점이다. 감이나 경험으로 하는 것이 아니고, 세분화해서 각각의 멀티 모드를 극대화하는 것이다. 그게 바로 멀티 모드 프레젠테이션의 디테일로 살아난다. 멀티 모드 프레젠테이션에서는 상대적으로 말의 비중이 오히려 더 줄어든다. 말 말고도 다른 사용할 모드가 많기 때문이다. 그 대신 모든 모드들이 서로를 도와야 한다.

단순한 예를 들어보자. 평소 말을 빨리하는 사람의 경우 멀티 모드 프레젠테이션을 한다면 말의 속도를 다른 모드들에 맞추어야 한다. 보통 프레젠테이션을 할 때 보면 말을 빠르고 청산유수처럼 하는 사람이 훌륭한 프레젠테이터처럼 보인다. 그러나 사실은 말을 빨리한다고 해서 정보가 더 많이 전달되지는 않는다.

프랑스 국립과학연구센터의 프랑수아 펠레그리노(François Pellegrino) 교수 등의 연구에 따르면, 한국어를 포함해 전 세계 17개 언어를 비교 연구한 결과 빨리 말하는 이탈리아어나 천천히 말하는 베트남어나 사람에게 전달되는 정보 전달 효율은 동일하다고 한다. 즉, 빨리 말하나 느리게 말하나 사람이 받아들이는 정보는 비슷하게 전달된다는 것이다.

중요한 것은 말이 빠르다고 해서 정보가 더 많이 전달되지 않는다는 것이고, 그 이유는 인간은 생물학적으로 언어 정보 처리에 한계가 있기 때문이다. 그러니 멋진 프레젠테이션을 하겠다고 다짜고짜 속사포처럼 빠르게 말할 필요는 없다. 오히려 정보를 모두 처리하지 못해 듣는 사람들은 더욱 혼란스러울 것이기 때문이다.

그러면 말의 속도는 어디에 맞추어야 할까? 여러분이 가진 모드를 예로 들면 동시통역의 경우에는 통역의 속도, 영상이 재생되었다면 영상이 끝난 후 청중들이 잠시 되새김을 할 수 있는 멈춤 등을 고려해야 한다. 세세하지만 전체가 담겨 움직이는 것이 바로 멀티 모드 프레젠테이션이다. 디지털 기술의 발달은 여러분에게 많은 숙제를 주지만, 무기를 주기도 한다. 소프트 스킬은 여전히 중요하다. 그리고 그 소프트 스킬과 디지털 테크닉이 결합해가면서 여러분의 멀티 모드 커뮤니케이션은 더욱 세련되어질 것이다. 지금부터 미래를 준비하라.

질서는 크기와 함께 아름다움의 한 요소이다.

아리스토텔레스(Aristoteles), 고대 그리스 철학자

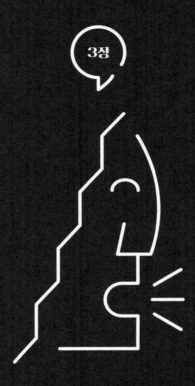

원칙 ③
공감과 격려

공감화법으로 신뢰를 쌓는 말하기 원칙

...

에스토니아 신경과학자 자크 판크세프(Jaak Panksepp)는 쥐를 모아 놀게 하다가 그 공간에 고양이 털을 넣었다. 그랬더니 쥐들은 즉시 놀이를 멈추었다. 놀라운 것은 고양이 털을 뺀 후에도 쥐들은 더 이상 예전처럼 활발히 놀지 않더라는 것이다. 말하기는 두려움을 주는 것이 아니고 공감을 주어야 한다. 공감은 영어로 Sympathy 혹은 Empathy라고 하는데, 이는 타인의 감정과 동일한(sym) 감정이 되는 것, 또는 타인의 감정 안으로 들어가(em) 이해하는 것을 뜻한다. 여기 공통으로 들어가는 접미어 'pathy'는 그리스어 'patos'에서 유래한 말로 '고통' 혹은 '비애감'이라는 뜻을 가지고 있다. 공감한다는 것은 다른 사람의 고통을 함께 느끼는 것이다. 상대방을 불안하게 하지 말고, 고통이 있다면 함께 앓아주어라. 그게 진정한 공감이다.

01 | 공감하는 태도로 심리적 안정감을 주어라

말을 할 때는 좌뇌와 우뇌를 함께 써서 전뇌(全腦)로 말하라고 한다. 다시 말해 머리와 가슴으로 함께 말하라는 뜻이다. 특히 메시지를 강력하게 전달하여 공감을 주고 동의를 끌어내고 싶을 때는 말속에 이성과 감성을 함께 녹여야 한다. 정치인이 건조한 연설문을 감동적으로 만드는 이유도 청중을 강하게 공감시키고 설득하기 위해서이다. 이렇게 말하기는 늘 상대가 있기 마련이다.

여러분이 하는 말의 최종 해석자는 상대이다. 여러분이 충고로 한 말도 상대가 비난으로 들었으면 그건 비난이다. 아무리 칭찬으로 했어도 상대가 비아냥으로 들었다면 그건 비아냥이다. 여러분의 말을 최종적으로 마음속에서 번역해 정리하고 담아두는 사람은 상대방이다. 상대가 여러분의 말을 그에 맞는 의도대로 해석하고 번역하게 하려면 무엇이 필요할까?

●
심리적
안정감이란

공원으로 나들이를 나가면 제일 먼저 바닥에 자리를 편다. 일단 자리를 깔고 나서 그다음에 먹을 것을 꺼내고 놀 것도 꺼내고 들을 것도 꺼내고 읽을 것도 꺼낸다. 모두 순서가 있다. 말하기도 이와 같다.

말하기에서 자리를 펴는 행동에 해당하는 것은 무엇일까? 상대를 여러분의 말하기 공간으로 들이고 함께 자리하게 해주는 것이다. 그건 바로 여러분의 말을 듣는 사람에게 심리적 안정감(Psychological Safety)을 제공하는 것을 뜻한다.

심리적 안정감은 세계적인 리더십 전문가이자 하버드 경영대학원 종신교수인 에이미 에드먼슨(Amy Edmondson)이 제시

　　　　　　　　　　　　원칙 ③ · 공감과 격려

한 이론이다. 그녀는 『두려움 없는 조직』에서 이렇게 말했다.

"이 같은 맥락에서 나는 '심리적 안정감'을 '인간관계의 위험으로부터 근무 환경이 안전하다고 믿는 마음'이라고 정의했다. 어떤 의견을 말해도 무시당하지 않고 질책당하거나 징계받지 않는다면, 즉 구성원 모두가 심리적 안정감을 느낀다면 동료들의 눈치 따위 보지 않고 자기 생각이나 질문, 우려 사항을 자유롭게 말할 수 있다. 심리적 안정감은 구성원이 서로를 신뢰하고 존중하며 자기 생각을 솔직하게 나눌 때야 비로소 생긴다."

심리적 안정감은 조직 문화 이론에 가깝다. 조직이란 보완적인 기술을 가진 개인들이 공통 목표를 향해 구성한 집합체이다. 그래서 나는 이 심리적 안정감을 개인 간의 말하기에도 대입해보았다. 조직 문화, 리더십에 관한 이론을 말하기에 적용할 때 가장 잘 어울리는 곳은 역시 직장이다. 프로일잘러(일 잘하는 사람), 프로말잘러(말 잘하는 사람)가 되는 말하기로 이 '심리적 안정감'을 풀어보자.

심리적 안정감을 제공하는 말하기

① I-Message 사용하기

직장에서 어떻게 하면 서로에게 심리적 안정감을 제공해줄 수 있을까? 심리적 안정감을 주고받는 말하기 첫 번째는 You-Message 대신 I-Message를 사용하는 것이다. 검지가 가리키는 대상이 바로 여러분 자신이 되어 말하는 것이다. 누구나 지적받는 것을 싫어한다. 그래서 상대에게 책임을 전가해서 말하는 You-Message를 쓰는 것은 하수이다.

예를 들면 '네가 잘 못 해서', '당신이 게을러서', '김과장이 부족해서' 등 일이 안 풀린 이유를 상대 탓으로 돌리는 말하기는 듣는 사람에게 수용성을 뚝 떨어뜨린다. 일단 누구든 비난을 받으면 심리적 안정감이 깨지면서 마음의 귀를 닫아버리기 때문이다. 마음을 닫는 데 그치지 않고 오히려 반감을 사서 거꾸로 반박을 하게 만든다. '내가 뭘 그렇게 잘못했는데?', '나만 잘못한 것도 아니잖아?' 등등 화살이 거꾸로 날아온다. 즉, 심리학에서 말하는 '신 포도 기제(Sur Grape Mechanism)'가 작동하는 거다. 사람은 공격을 당하면 이솝우화 속 포도를 못 먹은 여우처럼 방어기제가 작동하며 자신을 합리화하게 된다.

그렇지만 I-Message로 얘기하면 상대에게 수용성이 높아진다. I-Message란 상대방의 감정을 건드리지 않고, 말하는 사람의 감정과 바람을 드러내어 결국 듣는 사람의 생각과 행동의 변화를 유도하는 말하기이다. 나 표현법(I-Message)을 사용하면 말하는 사람은 자신의 감정을 전달하되 상대를 관찰자로 만들어 중립적이고 객관적으로 판단하게 해줄 수 있다.

예를 들면, '당신은 보고서에 오탈자가 안 보여?'라고 말하는 대신에 '보고서에 오타가 있어서 내가 아주 사장님 앞에서 얼굴이 홍당무가 되었어. 사장님이 보고서를 다시 써오라고 했을 때는 쥐구멍에 숨고 싶더라고. 김과장이 보고서를 빨리 만들고 싶은 마음은 알겠는데 다음부터는 보고서에 오타가 없는지 한 번만 더 꼼꼼히 봐주겠어?'라고 말하는 것이다.

여기서 중요한 것은 듣는 사람에 맞추어 말해야 한다는 것이다. 무조건 여러분의 감정만 제시하면 상대는 자신의 문제점에 대해 여러분과 동조하지 못하여 해결책을 실천하지 못할 수도 있다. 심리학에 '상위 효과(Discrepancy Effect)'라고 있다. 남을 설득하기 위해서는 상대방이 가지고 있는 정보와 적당히 차이가 나는 정보를 제시하여야 설득력을 높일 수 있다는 것이다.

쉽게 말하면 턱도 없는 지적은 상대에게 아무런 효과가 없다는 말이다.

즉, 김과장도 자신이 좀 덤벙대서 가끔 오타를 낸다는 정도의 인식을 가지고 있어야 개선을 하려고 노력한다. 그래서 I-Message를 말할 때는 반드시 상대를 관찰하고 상대에게 맞는 메시지를 주어야 한다. 심리적 안정감을 확실히 보장하면서 상대가 수용 가능한 정도의 메시지를 주는 것이 중요하다.

② 자신을 낮추며 말하기

두 번째 심리적 안정감을 제공하는 말하기로 말하는 사람을 낮추는 것도 참 좋다. 말하는 사람 자신을 낮추어 상대에게 허점이나 빈틈을 보여 친근감을 형성하는 것이다. 스타벅스의 회장 하워드 슐츠(Howard Schultz)는 '직원들을 움직이게 하는 강력한 대화의 출발점은 직원들과 연결고리를 만드는 것이며, 내 약점을 정직하게 드러내는 것이야말로 직원들과 연결고리를 만드는 열쇠다'라고 했다.

이는 심리학자 레슬리 사릭(Leslie Sarick)의 이름을 따서 만든 '사릭 효과(Sarick Effect)' 덕분이다. 사릭 효과란 말하는 사람이 자신의 단점을 드러내면 오히려 상대방이 무장을 해제하고 공감을 형성해 말하는 사람에게 호의를 가지는 심리학적 현상이다. 말하는 사람이 듣는 사람에게 심리적 안정감을 주려면 '나도 이렇게 실수한 적이 있다', '나도 이런 큰 단점이 있다', '나도 이런 아픈 기억이 있다'라고 겸손하게 말하는 것이 좋다. 그러면 상대방도 진솔하게 자신의 얘기를 시작하고 말하는 이에게 호감과 신뢰를 가지게 된다. 특히 직장에서 리더들이 팀원들과 공감대를 형성할 때 이렇게 자신의 약점을 먼저 얘기하면 효과적이다. TV에서 연예인들이 관찰카메라를 통해 자신의 일상을 공개하고 그 일상을 보며 시청자들이 연예인에게 더 호감을 느끼는 것도 이 사릭 효과 덕분이다.

③ 실수나 실패를 더 크게 위로하고 격려하기

세 번째는 말하는 사람은 상대가 실수했을 때나 실패했을 때, 일이 안 풀렸을 때 더 큰 위로와 격려의 말을 건네야 한다. 흔히 네트워킹을 잘하는 사람은 지인들의 일이 잘 풀릴 때보다 안 될 때 더 챙기고 찾아보고, 경사는 빠져도 조사(弔事)는 꼭 간다고 한다. 어렵고 힘들 때 자신을 찾아주고 위로와 격려의 말을 건넨 이에게는 두고두고 심리적 안정감을 가지게 된다. 그래서 후에 어떤 상황이 오더라도 다시금 편안하게 말을 주고받을 수 있게 된다.

나 역시 혈혈단신 프리랜서가 되어 책을 쓰고 강연을 다닐 때 나를 격려해주었던 분들은 그 후 내가 어느 정도 자리를 잡았을 때도 부끄럼 없이 뵙고 진솔하게 대할 수 있었다. 그때 나에게 건네준 격려의 한마디가 상대를 믿도록 심리적 안정감을 준 것이다.

'호의의 보답성(The Return of Kindness)'이라는 심리학 이론이 있다. 누군가로부터 받은 호의에 보답하고 싶어 하는 심리를 말한다. 애초에 심리적 안정감이 바탕이 되어, 호의를 느끼면 당연히 보답하고 싶어진다. 일을 잘하는 사람이 되려면 회사 일이 잘 안되었을 때 동료들 혹은 선후배들에게 오히려 위로와 격려의 말을 건네라. 동료나 후배가 의도적으로 일을 망친 것이 아니라면 본인도 빨리 수습하고 만회하고 싶을 것이다. 이럴 때 과정 점검은 정확히 하되 동료나 후배의 사기가 저하되지 않도록 격려하고 힘을 주는 말을 하라. 특히 여러분이 비슷한 경험에서 어떻게 탈출했는지 그리고 그런 실패의 경험에서 무엇을 배웠는지 말해준다면 그들은 후에 직장에서 든든한 우군이 될 것이다.

심리적 안정감을 주는 말하기는 쥐들 사이의 고양이처럼 되지 않아야 한다는 뜻이다. 에스토니아 신경과학자 자크 판크세프(Jaak Panksepp)는 쥐를 모아 놀게 하다가 그 공간에 고양이 털을 넣었다. 그랬더니 쥐들은 즉시 놀이를 멈추었다. 놀라운 것은 고양이 털을 뺀 후에도 쥐들은 더 이상 예전처럼 활발히 놀지 않더라는 것이다.

말하기는 두려움을 주는 것이 아니고 공감을 주어야 한다. 공감은 영어로 Sympathy 혹은 Empathy라고 하는데, 이는 타인의 감정과 동일한(sym) 감정이 되는 것, 또는 타인의 감정 안으로 들어가(em) 이해하는 것을 뜻한다. 여기 공통으로 들어가는 접미어 'pathy'는 그리스어 'patos'에서 유래한 말로 '고통' 혹은 '비애감'이라는 뜻을 가지고 있다. 공감한다는 것은 다른 사람의 고통을 함께 느끼는 것이다. 상대방을 불안하게 하지 말고, 고통이 있다면 함께 앓아주어라. 그게 진정한 공감이다.

"

마음보다 부드럽고도 단단한 것은 아무것도 없다.

게오르크 크리스토프 리히텐베르크(Georg Christoph Lichtenberg), 독일 물리학자

"

02 | 듣기 편한 말하기가 공감력을 높인다

공감 주는 말하기를 조금 더 구체적으로 설명하면 어떤 말하기를 뜻하는 것일까? 그것은 머리와 가슴으로 듣기 편한 말하기이다. 말을 듣고 우선 머리가 안심되면 다음은 가슴이 받아들인다. 말이 논리적으로 이해되어야 감정적으로 같이 느끼게 된다. 디즈니랜드의 유명한 유튜브 영상이 있다. 디즈니 리조트에 놀러 온 어린 농아가 수화로 미키마우스에게 '나는 너를 사랑해'라고 하자, 미키마우스도 수화로 '나도 널 사랑한다'고 말하는 장면이다. 이 영상을 본 사람들은 모두 한 번도 생각해보지 않은 상황에 대해 먼저 머리로 이해하고 나서야 마음으로 따뜻함을 느낀다. 공감을 주려면 먼저 듣는 이의 머리를 거쳐 가슴으로 가야 한다.

나는 강의를 하는 50분 동안 5가지를 말해야 한다면 강의를 시작하면서 중간에 한 번 요약해드리겠다고 먼저 말해놓는다. 그러고는 30분 정도의 시간 동안 3가지를 말하고 다시 첫 번째부터 세 번째까지를 요약한다. 그렇게 중간 요약을 하고, 그다음 네 번째, 다섯 번째를 말한 후 강의 마지막에 다시 한번 5가지를 언급한다.

이렇게 처음부터 '아이 윌 비 백(I will be back)'이라고 미리 말하고 시작하면 상대는 안심하고 여러분의 말을 따라간다. 그리고 말하는 중간중간 요약을 해주면 상대는 뇌의 에너지를 쓰지 않고도 여러분의 말을 자동 저장한다. 이것은 상대가 편하게 머릿속에 저장하도록 돕는 것이다. 말하기는 시간의 흐름으로 진행되기 때문에 학습 곡선상 완전히 잊히기 전에 주제를 다시 기억해내도록 도와주어야 한다. 그렇게 핵심 메시지를 의도적으로 반복하면 상대는 머리를 따라 가슴에 새기며 편하게 들을 수 있다.

상대가 익숙한
단어를 사용하라

다음은 듣는 사람이 편안하게 느끼는 단어를 사용하는 것이다. 듣는 사람이 즐겨 쓰는 말, 속담, 영어, 고사성어, 습관적인 표현 등을 기억해두었다가 그 사람과 말할 때 사용하면 같은 말이라도 마음속에 빠르게 진입한다. 또 듣는 사람은 자신이 사용하는 말이나 익숙한 말을 들으면 자신을 존중하고 지지하고 있다고 느낀다. 그러면 듣는 이도 마음을 열고 공감하기 시작한다.

'빈도 효과(Frequency Effect)'라고 있다. 사람은 사용 빈도가 높은 단어일수록 더 쉽게 인지한다. 사용 빈도가 높다는 것은 자주 읽거나 듣는 단어들을 말한다. 미국 유타대학교는 실험을 통해 엔지니어, 간호사, 법대생의 단어 인지도를 확인했더니 엔지니어는 엔지니어링 용어를 빨리 인지하고, 간호사는 의학 용어를 빨리 인지한다는 사실을 알았다.

누군가가 공감하도록 만들고 싶다면 그들에게 익숙한 단어를 선택하라. 사람마다 단어나 언어의 수준이 있고 그 범위와 깊이는 모두 다르다. 그래서 말하는 사람은 듣는 사람이 얼마나 넓은 말 스펙트럼을 가지고 있는지 파악하고 그 수준에 맞추되

원칙 ③ · 공감과 격려

가능하면 듣는 사람이 좋아하는 말을 하는 것이 좋다. 말을 잘 하는 사람은 상대의 주제(主題)와 수준에 잘 맞춰주는 사람이다. 말하기에서는 굳이 익숙한 것과 결별할 필요가 없다.

구체적이고 반복적인 내용으로 공감 끌어내기

비언어에서도 편한 효과를 주는 공감 말하기가 있다. 바로 '자세 반향(An Echo Symptom)'이다. 이 단어에서 에코(Echo)라는 말이 보여주듯 메아리처럼 여러분이 상대방과 같은 자세를 취하면 상대방도 무의식적으로 마음을 쉽게 연다. 턱을 괴고 골똘히 무언가 생각하는 자녀 앞에 가서 부모도 턱을 괴고 '무슨 생각해?'라고 묻는다면 훨씬 좋은 답을 들을 것이다.

언어와 비언어로 상대방을 편안하게 해주는 것부터가 공감을 주는 말하기의 시작이다. 짧은 시간 안에 공감대를 형성하는 일은 쉽지 않다. 언어로, 비언어로 가볍게 슬라이딩하면서 듣는 이가 무엇에 관심 있어 하는지, 무엇을 편안하게 여기는지 관찰하고 호응을 얻을 수 있는 표현으로 시작하라.

공감을 주는 말하기가 편해야 한다고 해서 내용이 두루뭉술하면 안 된다. 내용은 현실적이고 구체적일수록 좋다. 말하는 이는 공감대를 형성하기 위해 종종 자신의 경험을 이야기한다. 비현실적인 사건과 말로는 공감을 얻기 어렵기 때문이다. '참 남의 얘기 같지 않더라'라고 말한다면 그 사람은 누군가의 말을 자기의 현실에 대입한 거다. 무슨 말이든 곧바로 자신의 현실과 접목되면 금방 공감이 간다(연인과 헤어졌을 때 이별 노래가 다 자기 노래 같이 느껴진다). 그리고 그게 아주 구체적이거나 아니면 반복될 때 공감이 시작된다. 데일 카네기(Dale Carnegie)는 『말하는 법 1%만 바꿔도 인생이 달라진다』에서 이렇게 말했다.

"무엇보다도 당신은 발표할 때 추상적으로 말해서는 안 된다. 그것은 사람들을 따분하게 만든다. 발표를 할 때는 구체적인 사례와 일반적인 진술이 규칙적으로 반복되도록 해야 한다. 당신이 직접 경험한 구체적인 사례를 기억해내고, 그 사례가 보여주는 기본적인 진실에 대해 생각하라."

말의 내용이 구체적이고 반복적이면 공감을 끌어내기 쉽다.

자신이 공감하지 못한
이야기는 하지 않는다

공감을 주는 말하기에서 또 다른 중요한 것은 말하는 사람 스스로가 공감하지 못한 얘기를 해서는 안 된다는 것이다. 공감을 끌어내겠다고 남의 얘기를 열심히 가져다 쓰거나, 책에서 본 얘기를 한다면 듣는 이는 금방 가짜라는 것을 알아챈다. 또 브레인 덤프(Brain Dump)라고 해서 말하는 사람이 머릿속에 있는 말들을 그냥 막 쏟아내도 전혀 공감이 되지 않는다. 말하는 본인도 느끼지 못한 감정을 같이 느끼자고 하다니 얼마나 모순인가? 자기는 안 뛰면서 듣는 사람한테 한번 뛰면 시원하다고 자꾸 등을 미는 번지점프 시추에이션이다.

여러분의 말에 스스로 공감하고 있는지 알려면 여러분의 말을 직접 들어보아라. 가장 좋은 것은 글과 말을 번갈아 가며 다듬는 것이다. 여러분이 쓴 글을 인공지능에게 읽어달라고 하면 읽어주는 기능이 있다. 글로 쓸 때는 몰랐던 사실을 말로 듣고 느끼는 경우가 있다. 그러면 글을 수정하고 말을 수정하면 된다. 반대로 여러분이 한 말을 글로 받아쓸 수도 있다. 그러면 자신이 한 이야기가 말이 되는지 안 되는지, 어느 정도 흡인력이 있는지 알 수 있다. 나는 말을 녹음해서 종종 글로 옮겨보는데 내가 한 말을 글로 보면 얼마나 정리된 말을 하는지 알 수 있다. 말과 글로 교차해서 확인하면 나의 말이 얼마나 머릿속과 가슴 속에 기억될지 미리 가늠할 수 있다.

공감을 나타내는 백트래킹 이용하기

편하고 쉬운 말로 대화를 나누고 있다면 말하는 사람끼리 공감을 이루고 있는지 대화 중에 확인할 수 있다. 상대가 여러분의 말을 따라 하거나, 여러분이 상대의 말을 따라 하면 둘 사이에 공감이 이루어졌다는 증거이다. 우리도 얘기할 때, '그래, 참 말 잘했다, 그게 딱 내가 하고 싶던 말이었어', '누가 아니래, 내 말이 그 말이잖아'라고 말하면 둘은 잘 맞는 거다.

여기에 더해서 여러분이 한 말을 상대가 따라 하거나 인용하면 이미 강한 공감대가 형성된 것이다. '아까 선배님도 말씀하셨듯이', '참 좋은 단어네, 그 단어'라며 여러분의 말을 상대가 인용하면 둘은 마음으로 이미 포옹(Psycological Hug)을 한 거나 다름없다.

또 여러분이 썼던 단어나 표현을 상대방이 되뇌거나 다시 끌어다 반복한다면 이것도 강한 공감 형성의 증거이다. 예를 들면, 내가 '나는 좋은 책 한 권을 읽으면 비타민 한 통을 먹은 기분이 들어'라고 말했다. 그러고 나서 상대방이 한참 얘기를 하다가 '저번에 다녀온 여행이 비타민 한 통을 먹은 거만큼 좋더라'라고 답했다고 하자. 독서와 여행이라는 주제는 다르지만, 기쁜 경험을 표현하는 단어 '비타민 한 통'으로 둘은 공감대가 생긴 것이다. 상대가 여러분의 말이 적절하다고 느끼고 찾아서 꺼내온 것이다. 나는 잡지 『에스콰이어』 인터뷰에서 이렇게 말한 적이 있다.

"내가 평소에 즐기는 언어유희 가운데 하나가 상대방과 대화하다가 내가 앞서 썼던 단어를 상대가 쓰도록 유도하는 것이다. 상대가 내 단어를 썼다는 것은 내가 정의한 개념을 받아들였다는 뜻이니까. 사람은 좋으면 갖다 쓰니까."

나는 그걸 '단어의 백트래킹(Backtracking)'이라고 부른다. 공통된 단어를 쓰는 것은 공통된 감정을 느꼈다는 뜻이다. 상대방이 이야기 속 마지막 문장을 함께 되뇌거나 상대방의 말을 반복하면 어느새 여러분도 그 사람의 말에 집중하는 모습을 보이게 되고, 말하기는 주거니 받거니 선순환이 일어난다.

네덜란드 네이메헌 라드바우드대학교 릭 바렌(Rick Baaren) 교수의 연구에 따르면, 고객의 주문을 받고 그대로 따라서 반복한 웨이트리스는 주문을 반복하지 않은 웨이트리스보다 더 많은 팁을 받았다.

입으로 발음한 것은 머릿속에 머무른 말보다 훨씬 오래 남기 때문에 서로의 말을 인용하여 말하는 것은 매우 구체적인 공감의 증거이다. 우리도 메아리(Echo)를 들으면 반갑지 않은가.

나는 2019년도 세계 지식 포럼에 한 번은 모더레이터, 다른한 번은 세션의 좌장으로 참석했었다. 세계 지식 포럼은 세계의지성인들이 한자리에 모여 미래를 예측하고 지식을 공유하는'아시아의 다보스 포럼'이라고 불릴 만큼 연사나 청중 모두 상당한 수준을 가지고 있는 컨퍼런스이다. 나는 그 컨퍼런스의 좌장으로 세션을 진행하면서 동시에 연사(스피커)가 훌륭한 인사이트를 청중에게 제공할 수 있도록 연사들이 하는 말의 뒷받침을 잘 해주어야 했다.

나는 연사들이 발표한 말을 반복하고 호응해주고 다시 한번 강조해줌으로써 그 내용을 청중에게 친절하게 리마인드시켜주고 각인시켜 공감대를 형성하도록 노력했다. 누구든지 할 수 있는 말하기, 상대를 편하게 해주는 친절한 말하기가 바로 공감을 주는 말하기이다.

"

공감에는 천재가 필요하지 않다.

토바 베타(Toba Beta), 작가

"

사람은 모두 다르다. 하지만 사람에겐 변하지 않는 속성이 있다. 그리고 그 속성은 암묵지로 전수되며 심리학이라는 이름으로, 뇌과학이라는 이름으로 형식지화되고 있다. 그 속성 중 한 가지가 바로 '사람은 동기에 의해 움직이는 동물'이라는 점이다.

　사람은 동기가 생기면 좋은 일이든 나쁜 일이든 하게 된다. 범죄가 발생하면 용의자를 찾고 범행 동기가 무엇인지 조사한다. 어릴 때 야단을 맞으면 꼭 이렇게 물었다. '왜 그랬어? 무엇 때문에 그랬어?'라고 말이다. 회사에서도 '동기 부여'에 관한 수많은 경영학 이론과 심리학 이론이 등장한다. 회사는 직원들에게 어떻게 동기를 유발할지 매일 고민한다. 사람에게는 그만큼 동기가 중요하다. 동기가 좋다고 해서 결과가 반드시 좋은 것도 아니고, 동기가 나쁘다고 해서 결과가 꼭 나쁜 것도 아니다. 하지만 강한 동기는 강한 결과를 만든다.

나는 초등학교에서 중학교로 올라갈 때 혼자만 유달리 멀리 떨어진 중학교로 배정되었다. 흔히 얘기하는 뺑뺑이가 그렇게 돌았다. 중학교에 올라가자 이제까지 본 적 없는 새로운 기질의 친구들과 한 반이 되었다. 지금 생각해도 초등학교 때와 문화가 많이 달랐다. 친구들은 더 역동적이고 다양했으며 철없는 중학생들이었으니 매일 싸움도 끊이지 않았다.

당시 체구도 왜소하고 초등학교도 달랐던 내가 그 속에서 날 지키는 방법은 아주 완벽히 싸움을 잘하거나 아니면 아주 공부를 잘하는 방법밖에 없었다. 체구가 작고 독기도 없었던 나는 공부를 택했다. 공부가 좋아서라기보다 자신을 지키기 위해서 했고, 외로운 나에게는 책이 친구였다. 친구들의 공격으로부터 자신을 방어하고 외로움을 달래는 것이 공부의 동기였다. 멋진 동기는 아니었지만, 내 절실한 동기 덕분에 딱 한 번 전교 1등을 경험할 수 있었다.

MZ세대의 동기를 유발하는 칭찬과 격려

강력한 동기가 로켓이라면 칭찬과 격려는 로켓엔진이다. 동기라는 로켓을 우주로 띄워 올리는 힘이 칭찬과 격려인 것이다. 어떤 모티브와 동기를 가지고 시작한 행동 과정에서 잘하고 있다고 확인시켜주는 것이 바로 칭찬과 격려에 해당한다. 동기가 감정이라면 칭찬과 격려는 표현이다. 칭찬과 격려는 말로 했을 때 가장 효과를 발휘한다. 따라서 성공적인 결과를 얻으려면 반드시 칭찬과 격려의 말을 해주어야 한다.

다시 직장 얘기로 돌아가보자. 요즘 직장들은 긍정적인 동기를 부여해서 우수한 성과를 내는 선순환을 만들기 위해 많이 고민한다. 특히 새로운 세대들에게 말이다. 한 일간지에 다음과 같은 내용의 기사가 실렸다.

요즘 밀레니얼 세대에게 직장이란 나의 성장을 도모하는 곳이고, 월급이란 생계 및 노후대비 수단이다. 회사 동료란 일을 같이할 뿐 친분은 No고, 좋은 상사란 결정이 빠르고 정확한 상사이다.

MZ세대에게 회사가 동기를 부여하는 방법은 3가지이다. 자신의 성장에 도움이 되거나, 권한을 위임받아서 신나게 일할 환경이 만들어지거나, 확실한 보상이 있는 경우이다. 그런데 조직에서 이 3가지 모두가 늘 주어지기란 쉽지 않다. 매번 보너스를 줄 수도 없고, 권한을 무제한 줄 수도 없고, 꽃보직만 줄 수도 없다. 그렇다면 그 3가지 이외에 무엇으로 이들에게 자발적인 동기를 유발할 수 있을까? 답은 칭찬과 격려의 말이다. 나도 늘 나를 격려하고 칭찬해주셨던 중학교 2학년 때 담임선생님 덕분에 우등생이 될 수 있었다. 담임선생님의 말 한마디가 로켓엔진이 되었다.

●   칭찬과 격려 말하기,
                        펩톡(Peptalk)

'펩톡(Peptalk)'이라는 화법이 있다. 펩톡이란 듣는 상대에게 더욱 열심히 일하거나 경기에서 이기도록 강하게 동기를 유발하는 '칭찬과 격려 말하기'이다. 해외에는 펩톡 대회도 있다. 말하는 사람이 상대에게 목표를 분명히 말해주고, 그 목표를 향해 매진하면 좋은 결과가 있을 것이라는 비전을 제시해주는 것으로 시작된다. 말하는 사람은 듣는 사람에게 좋았던 성과나 노력을 칭찬하며 그들의 의욕을 돋우어준다. 그러나 칭찬에서 끝나면 펩톡의 절반밖에 하지 않은 것이다. 진정한 펩톡은 상대가 처한 어려운 상황을 현실적으로 인정하고 그들과 공감하고 결국은 목표를 달성하고 승리할 수 있을 거라고 의지를 강하게 북돋아주어 듣는 사람이 끝까지 최선을 다하도록 격려하고 독려하는 대화법이다.

펩톡이 무엇인지 궁금하다면 〈애니 기븐 선데이〉라는 미식축구 영화를 보기 바란다. 영화 속에서 감독으로 나오는 알 파치노가 라커룸에서 선수들에게 이렇게 외친다. '모든 일에서는 인치가 문제야. 우리는 그 인치를 위해 싸워야 한다. 그 인치를 위해 주먹을 움켜쥐어라.' 여기서 인치를 위해 나아가라는 말은 미식축구에서 상대 진영으로 조금 더 나아가 반드시 터치다운을 하라고 격려하고 독려하는 말이다.

펩톡에는 다음과 같이 5가지 원칙이 있다.

① 말하기의 톤은 가능하면 긍정어를 쓰라. 부정어는 쓰지 마라.
② 말하기의 시간이 지나치게 길면 좋지 않다. 길어도 5분 정도로 짧

원칙 ③ · 공감과 격려

게 말하라.

③ 듣는 사람에게 즉각적이고, 이해하기 쉽고, 피부에 와닿는 단어를
  쓰라.

④ 말하는 사람은 갑자기 지적이나 훈계를 해서는 안 된다.

⑤ 말하는 사람도 그간 진심으로 과정을 함께 해서 서로 공감과 진정
  성을 느낄 수 있는 관계일 때 말해야 듣는 사람이 수용한다.

특히 중요한 것은 5번째 원칙이다. 말하는 본인도 그만큼 진
정성을 가지고 있어야 결국 듣는 사람을 움직일 수 있다. 박항
서 감독은 외국인 감독이었지만 격의 없이 선수들 다리도 주물
러주며 같이 뒹굴고 고생했기에 박감독의 한마디 한마디에 베
트남 선수들이 힘차게 뛰며 우승을 연거푸 차지할 수 있었다.
2018년도 AFC U-23 결승전에서 베트남 선수들은 패배한 적
이 있다. 당시 박항서 감독은 기죽은 선수들에게 이렇게 말했다
고 한다. '고개 숙이지 마라. 너희는 최선을 다했다. 자부심을 가
져라. 너희는 충분히 자격이 있다'라고 말이다. 이 명언은 베트
남 고등학교 논술 시험에도 나왔다.

펩톡 말하기
5단계

펩톡의 원칙이 이해되었다면 이제 펩톡을 다음과 같이 5단계로 구성해서 말로 하라.

① 듣는 이가 그간 잘해왔던 점을 먼저 칭찬하라.
② 다음은 목표를 설정하라.
③ 그러면서 현재를 받아들이는 상황을 수용하라.
④ 상황을 반전할 수 있다는 믿음을 보여주어라.
⑤ 힘찬 단어로 끝을 맺어라.

직장 펩톡의 예를 들면, '박과장, 올해도 지금까지 참 잘해왔어. 올해 매출 목표가 얼마 안 남았네. 그런데 최근 경기로 볼 때 우리 제품 매입에 거래처들이 보수적일 거야. 나도 과장 때 연말이면 늘 고생했어. 하지만 우리 회사만 어렵겠어? 그동안 박과장이 쌓아온 신뢰가 있으니까 한번 해보자. 파이팅!' 이렇게 구성된다. 상대방을 칭찬하고, 함께 갈 목표를 설정하고, 빡빡한 현실은 인정하되 우리가 하기에 따라 상황은 달라질 수 있으니 힘차게 해보자는 구조이다.

이 펩톡은 부정적인 상황에서 더욱 힘을 발하지만, 긍정적인 상황에서도 사용할 수 있다. 예를 들면 회의나 회식에서 리더가 팀원들과 일 대 다 대화를 하고 난 후 반드시 칭찬과 격려의 말하기로 마무리하면 좋다. 다 같이 모인 자리에서 비난이나 부정적인 지적으로 끝맺는 것은 그 자리를 원점보다 더 후퇴시킨다.

말하는 사람이 듣는 사람과 손을 잡고 함께 점프하는 기분으로 말하는 것이 바로 펩톡이다. 모든 스피치는 펩톡에 해당한다. 스피치를 듣고 더욱 힘을 내고 전진하길 바란다는 의미에서 모두 펩톡이라고 할 수 있다. TED(Technology, Entertainment and Design)는 웹사이트에서 '우리는 태도, 삶, 그리고 궁극적으로 세상을 바꾸는 아이디어의 힘을 열정적으로 믿는다'고 말한다. TED 연설은 늘 격려와 용기, 희망을 준다. 그래서 펩톡은 테드톡(TED talk)이라고도 불린다.

펩톡은 자신에게 사용할 수도 있다. 요즘 인공지능 면접이 대세인데 인공지능은 목소리 톤과 발음, 표정 등으로 지원자의 신뢰도, 호감도, 충성도 등을 평가하도록 설계되어 있다. 인공지능 면접에서도 당연히 긍정적인 단어와 문장은 정답이다. 면접 시간은 통상 60~90분이 걸린다. 그 시간 동안 면접 대상자의 답변에 얼마나 일관성이 있는지 판단한다. 따라서 평소에도 긍정적인 언어와 단어를 체화해두는 것이 무척 중요하다. 늘 자신을 아끼고 격려하며 펩톡을 해주어라. 여러분은 이미 충분히 힘들게 살고 있지 않은가? 그러니 자신에게 말이라도 따뜻하게 해주어라. 그러면 자기효능감도 높아져 일도 잘 풀리고, 면접도 붙을 거다. 스스로에게 펩톡을 하면 마이너스가 플러스로 바뀐다.

"

칭찬, 그것은 많은 재치 속에 약간의 사랑이 들어간 것이다.

에밀 파게(Émile Faguet), 프랑스 문예평론가

"

04 | 말하기 전에 상대의 TPO를 배려하라

말하기를 열심히 준비해도 상대의 시간, 장소, 상황을 못 맞추면 결국 그 말하기는 쓸모없는 것이 된다. 기차가 큰 소리를 내며 지나가는데 그 옆에서 열심히 사랑 고백 해봤자 아무 소용 없는 것처럼 말이다. 그래서 말하기에서 TPO(시간, 장소, 상황)가 무척 중요하다. 나도 직장 생활을 하면서 보고하고 결재도 받아야 했기에 말하기에 앞서 상사의 TPO를 늘 신경 썼다. 그러다 보니 상사의 심기도 살펴야 했고, 컨디션은 어떤지, 내 앞에 누가 결재를 받고 나갔는지, 상사가 점심을 먹기 전에 결재를 받는 게 좋은지 점심 후가 좋은지 등등 여러 상수와 변수를 놓고 늘 고심했다. 그리고 얻은 결론은 말의 내용만큼 중요한 것은 듣는 상대의 TPO라는 것이었다.

TPO를 고려해
효과적으로 말하기

나의 첫 책 『누가 오래가는가』의 부제는 '보스와 통하는 47가지 직장 병법'으로 상사와 동반 성장하는 소통 방법이 주요 내용이었다. 그 책에서 나는 보고의 TPO에 관해 다음처럼 얘기했다.

"또 하나 팁을 드리자면, 아무리 열심히 준비한 보고라도 TPO에 따라 과감하게 변경하거나 버릴 줄 알아야 한다는 겁니다. 윗분이 구두 보고를 받을 수 없는 상황이라면 아무리 오래 연습했어도 서면 보고로 대체하는 것이 맞습니다. 반대로 일주일 내내 공들인 보고서라도 윗분이 시간이 안 되면 과감하게 5분 구두 보고로 대신할 수 있어야 합니다. 가끔 자신의 보고서를 윗분에게 꼭 보여드리고 그 앞에서 칭찬받고 싶어 하는 후배들이 있는데, 그

것처럼 점수 깎이는 행동이 없답니다. 노래방에서 반응이 별로면 중간에 노래를 멈추는 것이 낫듯이, 보고도 분위기를 살펴서 지금은 적절하지 않은 것 같으면 다음 기회를 노리는 것이 훨씬 낫습니다."

그 책에서는 상사와 보고라는 직장인의 틀로 말했지만, 사실은 일반적인 말하기에도 모두 통용되는 진리이다. 말하기는 상호적이기 때문에 상대방이 생각하는 적절한 시간, 장소, 상황에 맞춰 말하는 것이 훨씬 효과적이다.

● TPO를 고려하지 않은 말하기의 단점

상대방의 TPO를 고려하지 않은 말하기는 몇 가지 큰 마이너스가 있다. 우선 무리한 TPO에서의 말하기는 상대방에게 '나를 존중하지 않는가?' 혹은 '이 사람은 말을 할 때도 이렇게 일방적이니 다른 일은 더 심하겠군'이라는 선입견을 심어준다. 상대가 존중받지 못한다는 생각과 함께 어울리지 않는 TPO에서 말하는 여러분을 이기적이거나 공감력이 떨어지는 사람으로 생각할 것이다.

또한 말하는 내용의 전달 자체도 전혀 효과적이지 않다. 상대가 다른 데 정신이 팔려있다면 내가 무슨 얘기를 해도 상대의 수용도는 50%가 안 될 것이다. 즉 상대방이 온전히 여러분의 말하기에 집중할 수 없는 상황이라면 상대는 '선택적 주의(Selective Attention)'로 듣고 싶은 것만 듣는다. 선택적 주의는 지금 처한 환경에서 자신과 관련 없는 자극을 배제하고 관련 있는 자극에 대한 인식만을 지시하는 심리적 프로세스이다.

사람은 주어진 시간에 처리할 수 있는 정보의 양에 한계가 있기 때문에 선택적인 관심을 통해 중요하지 않은 세부 사항을 거르고 중요한 것에만 집중한다. '선택적 주의'는 워낙 강한 인지 효과를 지녀서 반대의 경우에도 적용된다. 시끄러운 파티에서도 자기 이름을 부르는 소리가 들리거나 자기와 관련된 얘기는 유독 잘 들리는 것도 바로 선택적 주의이다. 이것을 '칵테일 파티 효과(Cocktail Party Effect)'라고 한다.

상대방의 환경을 고려하지 않은 말하기의 단점은 바로 이런 심리적 현상 때문에 상대방에게 여러분의 말하기를 충분히 전달할 수 없다는 점이다. 내가 사회생활 초보였을 때의 일이다.

원칙 ③ · 공감과 격려

그 당시 내 딴에는 업무적으로 무척 중요한 얘기를 높은 분께 드리고 싶었다. 그런데 아무래도 직급이 낮다 보니 어떻게 뵙고 말씀을 드려야 할지 몰랐다. 고민 끝에 조금 파격적인 방법을 택했다. 그분이 사무실에서 나와 막 차를 타려고 한 순간, 나는 그분께 달려가서 급하고 중요한 말씀을 드렸다. 그분은 순간 당황한 듯했지만, 내 말을 듣고서 검토해보겠노라고 대답했다. 결과는 어찌 되었을까? 답은 No였다. 당연했다. 중요한 이야기를 그런 어수선한 상황에서 했으니 당연히 효과적이지도 않았고, 심층적으로 전달되지도 않았을 것이다.

말을 잘 전하고 싶다면 상대방을 존중하는 TPO에서 듣기와 관심 집중을 방해하는 요소가 없게 하라. 여러분이 운전하면서 차에 동승해서 데이트를 하거나 동료와 지방 출장을 가면서 이런저런 얘기를 나누면 상대방과의 친밀감이 높아지는 이유는 여러분의 말하기에 상대가 집중할 수밖에 없기 때문이다. 결국 상대방의 관심과 집중력을 독점할 수 있는 TPO가 효과적인 말하기를 위한 필수적인 환경이다. TPO는 여러분이 만들 수도 있고, 만들어진 TPO 안에서 활용할 수도 있다.

배려의 심리적 기제,
눈치

그렇다면 어떻게 최적의 말하기 TPO를 찾아낼 수 있을까? 바로 '눈치'를 길러야 한다. '눈치'라고 하면 그동안은 참 나쁜 단어로 여겨졌다. 눈치 보는 사람을 괜히 비겁하고 당당하지 못한 사람처럼 얘기했다. 그런데 또 눈치가 없으면 그것도 사회 지능이 떨어지는 것으로 보았다. '눈치가 발바닥'이라는 속담도 그래서 나온 말이다.

그동안 눈치를 대체할 영어 단어가 없었다. 위트나 센스 정도였다. 그런데 사실 눈치는 '배려의 심리적 기제'이며, 그래서 상대방을 배려하려면 눈치로 상대의 감정과 기분을 헤아릴 줄 알아야 한다. '눈으로 상대방을 측정해서 헤아린다'는 뜻의 눈치는 그래서 중요하다. 이제는 서구 사회에서도 한국의 눈치에 대해 이해하기 시작했다. 위키피디아에 나온 눈치(Nunchi)의 정의는 다음과 같다.

눈치(Nunchi)는 다른 사람들의 기분을 듣고 측정하는 능력을 나타내는 한국의 개념입니다. 눈치는 한국인의 사회적 민감도가 높다는 뜻으로 기본적으로 주변 사람과 대화하고, 대화함으로써 다른 사람의 기분을 확인할 수 있음을 의미합니다. 그들은 조화를 유지하고 싶기 때문에 다른 사람들이 간접적으로 말하는 것에 민감합니다. 그들은 말 그대로 한국어로 '눈으로 측정하는 것'을 의미하는 '눈치'라는 기술을 사용하여 작업을 수행합니다. 그들은 누군가의 '기분(Kibun)'을 감지합니다. 기분은 분위기, 현재 감정 및 마음 상태와 관련된 한국어 단어입니다.

눈치는 세계적으로 공인된 한국인의 인지 기제가 되었다.

상대를 배려한 말하기 방법

① 상대방의 입장에서 생각하기

상대의 분위기, 현재 감정 및 마음 상태를 헤아려 효과적인 말하기를 하려면 눈치가 있어야 된다는 것은 알았는데, 그렇다면 눈치는 어떻게 길러질까?

첫째, 상대방의 신발을 신어봐야 한다. 상대방의 입장에서 무엇이 편하고 무엇이 불편한지 무조건 그 사람으로 빙의해서 생각해봐야 한다. '내가 그 사람이라면'이라고 생각하는 것이 기본이다. 그러고 나서 상대방이 무엇을 불편해하는지 혹은 조금이라도 더 편안하게 느낄 수 있도록 늘 관찰하고 그 불편을 해소하기 위해 도와야 한다. 우리는 그것을 눈치라고 쓰고 '배려'라고 읽는다.

밥을 먹다가 두리번대면 냅킨을 뽑아주거나 반찬을 추가로 더 주문해주는 이런 행동들은 사소하지만, 상대방의 불편함을 해소해주면서 모두 배려로 체화된다. 말하기에 있어서도 상대방에게 어떤 불편함이 있는지, 그 불편함을 어떻게 해소해주어야 할지를 고민해야 한다. 듣는 사람의 불편만 해소해주어도 '프로눈치러(배려 잘하는 사람)'가 된 것이다. 쉬운 방법 중에 하나가 듣는 사람이 불편해하는 단어는 절대 쓰지 않는 것이다.

② 드러나지 않게 돌려 말하기

두 번째, 눈치를 티 나게 보지 마라. 그러면 상대에게 부담이 된다. 생색내는 눈치는 나쁘고, '어디 눈치 보여서'로 시작하는 말은 안 좋은 말이다. 상대방이 의식하지 못하도록 기분을 챙겨서 헤아려주어야 한다. 그게 진짜 '고급 눈치'이다. 말을 할 때도 듣는 사람이 효과적이고 편안하게 느끼도록 해야 한다. 예를 들면 상대방이 편안해하는 단어를 쓰는 것이다. 또 여러분이 한 말을 상대방이 잘 모르는 듯이 느껴지면 '잘 아시겠지만'이라고 덧붙이면서 듣는 사람의 자존심을 건드리지 않고 풀어서 설명해주는 것이다.

서양에서도 이렇게 조심스럽게 말하는지 궁금할 것이다. 말에 예절을 붙이는 이유는 상대방도 존중하지만 무엇보다도 상대방과 쉽고 부드럽게 일하기 위해서이다. 미국의 소통전문가 앨리스 그린(Alice Green)이 쓴 『직장인의 말연습』이라는 책에 상사와 대화할 때 유용한 4가지 화법이 나온다.

① 그렇게 진행해도 되지만, X가 될 수도 있다는 점은 말씀드리고 싶습니다.

② 말씀하신 내용을 제가 정확히 이해했는지 다시 확인하고 싶습니다.

③ 알려주셔서 고맙습니다. 큰 도움이 되었습니다.

④ 그러니까 방금 하신 말씀을 정리하면 이런 말이지요?

모두 자신의 뜻을 전달하거나 상대의 뜻을 우회적으로 확인하는 말이다.

③ 상대방이 좋아하는 TPO 기억하기

세 번째, 상대에 딱 맞는 TPO에 쓸 실탄을 늘 준비해야 한다. 듣는 상대가 편하거나 불편한 TPO에 맞추어서 여러분이 취할 '행동 실탄'을 잘 준비하자. 플랜 B라고 할 수도 있다. 말하기에서도 상대방과 말을 할 때 어떤 상황, 어떤 시간, 어떤 장소에서 말을 나누는 것을 좋아하는지, 어떤 어조와 어떤 표현 방식을 좋아하고 싫어하는지 기억해두어야 한다.

　같은 실수를 두 번 반복하면 눈치가 없는 것이 아니라 무성의한 것이 된다. 상대방이 좋아하는 말, 싫어하는 말, 그 사람이 좋아하는 TPO만 기억해도 상대를 배려한 말하기, 눈치가 넘치는 말하기가 된다.

"

**이 세상에서 제법 착한 사람이 되려면,
조금은 지나치게 착해야 한다.**

피에르 드 마리보(Pierre de Marivaux), 프랑스 작가

"

05 | 훌륭한 리더의 코칭 대화법

직장에서 늘 화두가 되는 역할은 팀 리더이다. 리더는 조직을 성공적으로 이끌어가는 사람으로 팀원들이 능력을 발휘할 수 있게 돕고, 조직이 더 나은 발전을 하도록 리드하는 사람이다. 이 책을 읽는 여러분들 중에도 새롭게 리더가 되었거나 그간 해왔던 리더 역할에 대해서 다시 생각해보고 있는 분들이 계실 것이다. 팀 리더는 일반적으로 크게 6가지로 나뉜다.

① 성과 지향형 리더십(Pacesetting Leadership): 팀원들의 성과를 설정하고 우선으로 목표 달성을 바라는 리더십

② 명령 지시형 리더십(Commanding Leadership): 팀원들로 하여금 리더가 하는 명령과 지시를 즉각적으로 준수할 것을 요구하는 리더십

③ 비전 제시형 리더십(Visionary Leadership): 팀원들에게 장기적인 비전을 제시하여 팀원을 움직이는 리더십

④ 관계 지향형 리더십(Affiliative Leadership): 팀원 간 혹은 리더와 팀원 간의 긍정적인 관계 형성에 초점을 두는 리더십

⑤ 합의 중시형 리더십(Democratic Leadership): 팀원과 사전 교섭 등을 통해서라도 합의를 바탕으로 한 결정을 중시하는 리더십

⑥ 코칭 리더십(Coaching Leadership): 팀원의 역량과 전문성 개발을 지원하고 육성하는 리더십

사실 리더십은 더 많이 분류되기도 하고 다르게 분류되기도 하지만, 중요한 점은 리더십은 고정되어선 안 된다는 점이다. 변화하는 경영 환경 속에서 정지 사진처럼 멈추면 안 되는 것이 바로 리더십이다. 리더십은 스타일이나 타입이 아니고 상황과 상대에 맞추어 리더가 구사하는 역량이다. 하지만 경영 환경의 변화에 따라 중점을 두는 리더십은 늘 존재한다.

코칭 리더십이
주목받는 이유

앞으로 가장 주목받을 리더십은 어떤 리더십일까? 바로 코칭 리더십이다. 서울대 소비트렌드 분석센터가 내놓은 『트렌드 코리아 2020』에 따르면, 성공보다 성장을 추구하는 새로운 자기 계발형 인간인 '업글인간'에 대한 전망이 나온다.

업글인간의 성장 동기는 타인과의 경쟁에서 오는 불안이 아니라, 어제보다 못한 내 미래의 모습에 대한 불안이다. 업글인간에게 중요한 것은 남들이 알아주는 명문대 진학이나 대기업 입사와 같은 '성공'이 아니다. 스펙 경쟁으로 뚫은 관문은 잠시 동안의 사회적 지위를 보장하지만 영원히 의미 있는 미래를 보장해주지는 않는다. 업글인간이 추구하는 것은 사라지지 않고 나의 자산으로 남아 확실한 내일을 보장하는 '성장'이다.

앞으로 MZ세대들은 '성공'보다는 '성장'을 더욱더 지향할 것이고, 그렇기에 자신을 육성하고 지원하는 코칭 리더를 선호할 것이다.

팀원이 따르는
코칭 리더십

'코치'라는 단어는 15세기경 코크스(Kocs)라는 작은 헝가리 마을에서 만들어진 말이다. 그곳에서는 물건과 사람을 한 곳에서 다른 곳으로 옮기는 데 사용되는 작은 객차를 kocsi라고 불렀다. 18세기경, 시험을 준비하는 학생들을 위해 데려온 가정교사를 가리키는 은어로 '코치'라는 단어가 사용되기 시작했고, 지금과 같은 의미로 바뀌었다. 그래서 코칭이라는 말 자체에 이미 상대를 현재보다 더 나은 위치로 '업글'해준다는 의미가 있다.

코칭 리더십은 자기계발을 원하는 MZ세대의 니즈에 부합하며, 팀원들을 인재로 육성함으로써 회사의 인적 자산을 증가시키고 맨파워를 향상시킬 수 있는 리더십임은 틀림없다. 코칭 리더십은 리더가 팀원의 장기적인 발전을 위해 단기성과의 부족을 감수하는 리더십이다. 리더가 지속적인 지원과 자기계발에 대한 피드백을 제공할 수 있을 때 유용한 리더십이기도 하다. 멘토는 더 이상 유효한 개념이 아니다. 멘토링을 시도했던 기업들이 많은 실패를 경험했다. 당분간 코칭 리더십이 정답이다.

원칙 ③ · 공감과 격려

코칭 리더의
말하기

코칭 리더가 해야 하는 말하기, 즉 코칭 대화는 무엇일까? 코칭 대화는 Coach(상담자/리더)가 Coachee(내담자/팀원)로 하여금 스스로 위치를 인식하고 자각하게 도와준 후 목표를 설정하고 이를 향해 실제로 행동하게 한다는 면에서 코칭 전체를 관통하는 핵심 프로세스이다.

　서구식 코칭 대화 모델은 무수히 많다. 일반적으로 영어 단어의 첫 글자를 딴 약어를 써서 다양한 모델이 사용되고 있다. 몇 가지만 살펴보면 다음과 같다. 가장 즐겨 쓰는 GROW 모델이 있고, 그 외 ACHIEVE 모델, POSITIVE 모델, OSKAR 모델, ABCDE 모델, SPACE 모델 등이다.

　나는 영국 시티대학교 스테판 팔머(Stephen Palmer) 교수가 발전시킨 'PRACTICE 모델'을 사용해 코칭 리더의 말하기를 설명하겠다.

① **P**roblem identification(문제 확인)

② **R**ealistic goals developed(현실적인 목표 설정)

③ **A**lternative solutions generated(대안 생성)

④ **C**onsideration of consequences(결과 고려)

⑤ **T**arget the most feasible solutions(최적의 해결책 선정)

⑥ **I**mplementation of **C**hosen solutions(선정된 해결책 실행)

⑦ **E**valuation(평가)

코칭
대화법

① 문제 확인

순서대로 설명하면 먼저 문제 확인이다. 리더는 팀원이 스스로 말하거나 스스로 관찰해 발견되는 팀원의 문제를 확인하고 팀원의 개선 의지를 확인해야 한다. 리더는 팀원에게 다음과 같은 질문을 해야 한다.

· 현재 개인 생활이나 회사 생활에서 무엇을 변화시키고 싶습니까?

· 그 문제를 정말 해결하고자 이유는 무엇입니까?

· 지금까지 문제를 인식했고 노력해왔다면 얼마나 진전되었습니까?

코칭은 상대방의 의지가 강할 때 효과를 발휘한다. 그래서 문제 확인이라고 쓰지만, 실은 '의지 확인'이라고 읽는다.

② 현실적인 목표 설정

리더는 팀원과 달성 가능한 현실적인 목표를 설정해야 한다. 리더는 팀원에게 다음과 같은 질문을 한다.

- 달성하고자 하는 목표는 무엇입니까?
- 결과는 어떻게 측정할 수 있습니까?
- 달성하는 시점은 언제까지로 생각하고 있습니까?

우리가 수영, 테니스 등을 배우러 가면 코치가 꼭 묻는다. 무엇이 목표냐? 그리고 왜 배우느냐? 대회에 나가려고? 취미로 배우느냐? 대회에 나간다면 그게 언제냐? 이게 바로 목표 설정이다.

③ 대안 생성

이제 리더는 팀원과 상담을 통해 목표를 달성하기 위한 몇 가지 대안을 찾아내야 한다. 이 단계에서 중요한 것은, 리더는 대안을 조급히 확정하지 말고, 팀원과 다양한 대안을 상의하는 데 집중하는 것이다. 리더는 팀원에게 다음과 같은 질문을 한다.

- 대안이란 목표를 달성하기 위한 실행 방안으로써 선택지를 의미합니다. 현실적인 제약에도 불구하고 시도해볼 만한 대안은 무엇이 있습니까?
- 더 좋은 대안은 없습니까?
- 지금까지의 대안이 전부입니까?

위의 예에서 코치가 여러분에게 '매일 연습에 올 수 있는가, 일주일에 몇 번 올 수 있는가?'라고 물으며 서로 스케줄을 조율할 것이다. 이게 실천 가능한 대안 선정 과정이다.

④ 결과 고려

그러고 나서 리더는 다양한 대안들을 실행했을 때 어떤 결과가 발생할 것인지 논의해야 한다. 리더는 팀원에게 다음과 같은 질문을 한다.

- 각각의 대안을 실행하면 어떤 결과가 발생합니까?

- 그 결과를 고려한다면 각 대안의 장단점은 무엇입니까?
- 결과적으로 각 대안은 팀원의 목표를 달성하기 위해 얼마나 유용합
  니까?

운동 코치는 다시 말한다. 조금씩이라도 매일 하는 것이 몰아서 많이 하는 것보다 낫다거나, 몸만 풀다가 갈 거면 아예 날을 잡아서 하는 게 좋겠다고 말이다.

⑤ 최적의 해결책 선정

이제 리더는 팀원과 최적의 대안을 협의하고 그 결과를 예측해본 후 결정해야 한다. 리더는 팀원에게 다음과 같은 질문을 한다.

- 모든 대안과 그 결과를 볼 때, 이 대안이 가장 실용적입니까?
- 다른 대안들이 최적이 아닌 이유와 근거는 무엇입니까?
- 다시 단계를 반복해도 이 대안이 최선입니까?

여기서 중요한 것은 결국 둘 다 후회 없는 최선의 대안을 찾아야 한다는 것이다. 일단 시작했으면 뒤를 돌아봐서는 안 된다.

⑥ 선정된 해결책 실행

본격적으로 리더는 팀원과 선정된 대안(해결 방안)을 실행해야 한다. 리더와 예비 리더는 이제 어떻게 그 대안을 실행할 수 있을지 최종적으로 합의하고, 실행할 수 있도록 단계를 세분화해야 한다. 리더는 팀원에게 다음과 같은 질문을 한다.

- 이 대안을 실행하려면 무엇을 해야 합니까?
- 이 대안의 실행 타임라인은 어떻게 됩니까?
- 내가 도와줄 일은 무엇입니까?

⑦ 평가

마지막으로 리더는 팀원과 최적의 대안을 실행한 후 결과를 평가하고 효과적이었는지 논의해야 한다. 리더는 팀원에게 다음과 같은 질문을 한다.

- 최적의 대안이 계획대로 잘 실행되었습니까, 아니면 도중에 다른 문제에 직면했습니까?
- 이 대안의 실행은 얼마나 성공적이었습니까?
- 이번 실행을 통해 무엇을 배웠습니까?

리더가 코칭 대화 모델로 어떠한 것을 선택하든지 팀원들과 체계적인 말하기로 상의하라. 그 과정에서 리더와 팀원이 공감과 진정성을 교환한다면 소통의 격차는 해소되고, 리더 스스로도 자각과 통찰력을 얻게 된다. 앞으로 리더는 성장을 중요하게 생각하는 미 제너레이션(Me Generation, 자기 중심주의 세대)과 점점 더 많이 대화를 나눌 것이다. 그래서 그들과 코칭(상담)으로 소통하는 방법을 찾아야 한다. 어느 분야든 일을 잘하는 사람이자 프로 리더의 첫걸음은 먼저 좋은 코치가 되는 것이다. 상사 이전에 코치가 되어라. 그러면 그들은 따라올 것이다.

"

아는 기술이 있고, 가르치는 기술이 있다.

키케로(Cicero), 고대 로마 정치가

"

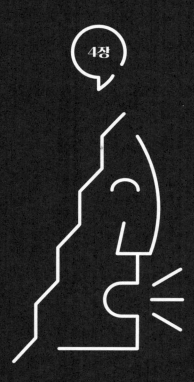

원칙④
해결과 모범

감정을 활용해 설득력을 높이는 말하기 원칙

...

사티아 나델라(Satya Nadella) CEO는 마이크로소프트를 변화시켰다. 빌 게이츠(Bill Gates)가 직원들에게 '모든 걸 알아야 한다(Know it all)'라고 경쟁을 강조한 반면, 사티아 나델라는 '모든 건 배우면 된다(Learn it all)'라며 직원의 무지도 수용했다. 그는 인간을 중요시하며 맹인 독서 소프트웨어를 개발하기도 했다. 마이크로소프트는 클라우드 컴퓨팅 회사로 탈바꿈하여 빌 게이츠 때보다 더 수직으로 상승하고 있다. 클라우드 컴퓨팅 회사도 '인간에 대한 사랑'이 이식되어야 진정으로 성숙한 글로벌 리딩 기업이 되는 것이다. 스토리텔링의 목적은 메시지를 보내는 데 먼저 스토리를 통해 우뇌에 각인시키고, 텔링을 통해 좌뇌에 각인시키는 거다. 스토리텔링은 반드시 메시지가 있어야 한다.

01 | 극단적으로 말하지 않는다

우리는 무언가를 결심하면 그것을 독하게 표현해야 직성이 풀리는 문화가 있었다. 회사마다 크게 써서 벽에 붙여놓는 표어나 슬로건이 바로 그것이다. 언론사에서 내세우는 '특종 아니면 죽음' 같은 것 말이다. 개인적으로도 무언가 큰 결심을 하면 '각서'라는 것을 쓴다. 각서는 '다짐 글'이라고도 하며 내가 무엇인가를 반드시 하거나 하지 않겠다고 명문화해서 남겨두는 문서이다. 말로는 양에 차지 않고 믿을 수 없기 때문에 자필로 써서 엄지 도장까지 꾸욱 찍어놓는 문서이다. 회사나 개인만이 아니다. 경제 개발 시대에 강조되어왔던 사회적 캠페인들도 무척 강한 말들로 아직도 남아 있다.

'무대포 정신으로 될 때까지 하라, 안 되면 되게 하라.' 물론 이런 말들이 모두 수용되던 시절이 있었다. 당연히 개인이나 회사 안에서도 이런 말들이 공공연하게 사훈처럼 통용되고 강요되던 시절이었고, 일이 안 풀리면 정신력이 부족한 탓이라고 혼나던 시절이었다. 그러다 보니 우리의 말하기는 독했었다.

●   직장 내 괴롭힘의
                                                    범위

'직장 내 괴롭힘 금지법'이라는 법이 있다. 직장 내 괴롭힘 금지법은 '사용자나 근로자가 직장에서의 지위 또는 우위를 이용해 업무상 적정 범위를 넘어 다른 근로자에게 신체적·정신적 고통을 주는 행위 등을 금지하는 법'으로, 2019년 7월 16일부터 시행됐다. 국가의 법률은 공공의 목적이 분명한 경우에만 사인 간의 행위를 형사적으로 규율한다. 이제 직장 내 괴롭힘을 방지하는 것은 공공의 목적이 되었다.

이 법에서 내가 주목하는 것은 '정신적 고통'이다. 다른 조항

들은 모두 법적으로 비교적 명쾌하게 판단되지만, 아직도 많은 이들이 정신적 고통이 무엇인지 모르기에 남에게 고통을 주면서도 깨닫지 못한다. 정신적 고통은 일단 스트레스라고 보면 된다. 우리가 흔히 스트레스라고 부르는 것은 '유기체가 불쾌하게 여기는 모든 부정적 경험'을 의미한다.

우리가 '고통'이란 단어를 들었을 때 먼저 떠올리는 '통증' 즉, 특정 부위에 아픔을 느끼는 것(Feeling Pain)만이 고통이 아니다. '고통'은 '인간 자신의 자아 또는 존재가 위협당하는 위기의 국면에서 경험되어지는 극심한 괴로움의 상태'를 말하며 심리적인 불쾌감뿐 아니라 결국 두통, 식욕 부진, 불면증에 이르는 신체적인 고통까지 아울러 말한다.

●   직장 내 괴롭힘
                       1위는 폭언

직장 내 괴롭힘 금지법에서 고통의 원인으로 가장 많이 지목된 것은 무엇일까? 바로 '폭언'이다. 고용노동부가 법 시행 후 3개월간 괴롭힘의 유형을 통계 낸 결과 약 47%, 즉 괴롭힘의 유형

중 절반가량이 바로 폭언이었다. 폭언이란 '몹시 거칠고 사납게 하는 말'이다. 정제되지 않고, 상대방을 배려하지도 않고, 입장도 생각하지 않고 내뱉는 말을 뜻한다. 그 말이 행동으로 옮겨지면 그것을 우리는 '폭행'이라고 부른다.

폭언의 대표적인 사례는 극단적인 언어를 사용하는 것이다. '안 되면 나가 죽으라'는 식의 극단적인 언어, 'KKSS(까라면 까고 시키면 시키는 대로 하라)'하는 식의 무조건적인 언어 행태가 바로 폭언이다. 그런데 이 폭언은 단순히 개인 간에 발생한 폭행이고 폭력 문제일 뿐만 아니라 기업 입장에서 보면 회사의 팀워크와 창의성을 훼손하는 해악이고 사회적으로도 큰 갈등 요소이다.

최근에는 법원이 수화도 폭언으로 인정했다. 극단적이고 혐오적인 언어는 사회적으로 손가락질받을 뿐만 아니라 심하면 모욕죄와 같은 범죄도 될 수 있다. 그간 경제가 빠르게 성장하는 과정에서 독해진 말들이 회사에 침투해 폭언으로 바뀌었고, 그래서 '직장 내 괴롭힘 금지법'이 만들어진 것이다.

극단적인 언어 사용의
부작용

극단적인 말하기는 개인에게나 조직에나 부작용이 많다. 말하는 사람이 극단적인 언어를 사용하면 당장은 쉽게 시선을 끌지만, 듣는 사람들은 말하는 사람에게 그런 극단적인 이미지를 투영시킨다. 또 말하는 사람이 극단적인 언어를 사용하면 아무리 진정성을 가지고 말해도 결국 진정성은 사라지고 심지어 악의로 기억하게 된다. 말하는 사람이 극단적인 언어를 쓰면 말하기 자체가 저급해지고, 결국 거친 말은 전염되어 서로가 서로에게 센 말을 던지게 된다. 극단은 늘 또 다른 극단을 낳는다.

이러한 이론은 실제로 검증되었다. 캐나다의 한 대학 연구진의 실험 결과에 따르면, 상사가 근로자들에게 비인격적인 행동을 하면 근로자들은 그 행동을 반추(Rumination), 즉 되새김질한다는 것이다. 그리고 그 비인격적인 행동을 반추한 결과, 결국 근로자들의 건강은 악화된다고 한다. 다음은 본 연구를 소개한 중앙대 심리학과 문광수 교수의 칼럼 '리더의 폭력적 말-행동, 직원 건강에 악영향'의 일부이다.

리더의 비인격적인 말과 행동은 적대적인 업무 분위기를 조성하고, 직원들의 건강에 악영향을 미칠 수 있다. 오히려 성과를 해치는 결과를 초래할 수 있다는 의미다. 따라서 기업은 관리자들이 목표 수준을 적절히 조절하고 스스로 비인격적인 말과 행동을 자제할 수 있도록 규정과 정책을 명확히 세워야 한다. 또, 직원들이 업무나 직장 내 스트레스로 건강을 해치지 않도록 마음 챙김 훈련을 지원해줄 필요도 있다.

이렇게 시대상, 법률, 그리고 신체적 고통, 연구 결과까지 인용하며 독한 말, 센 말, 거친 말의 부작용을 설명하는 이유는 우리가 오랫동안 아름다운 우리말을 파괴하고 살았기 때문이다. 시대의 필요에 의해서 거친 말이 통용되었지만, 이제는 더 이상 서로에게 상처 주고 고통을 주는 험한 말은 하지 말아야 한다. 아름다운 우리말로도 얼마든지 상대를 독려할 수 있고, 여러분의 생각을 강조할 수 있다. 그러면 단순히 말만 부드럽게 한다고 폭언이 아닐까? '너나 잘하세요'는 폭언이 아닐까? 분명한 폭언이다. 단어는 극단적이지 않지만 듣는 사람에게는 거친 비아냥임이 틀림없다.

갑질을 막는
공감 능력

아름다운 말하기는 단순히 단어 선택의 문제가 아니다. 말하기에서 극단적인 언어를 쓰지 않고 폭언을 하지 않으려면 단어 선택 이전에 일단 마음의 씨앗, '마음씨'부터 고쳐먹어야 한다. 말하기에는 언제나 마음씨가 우선하기 때문이다.

우리나라에서 '직장 내 폭언' 문제가 발생하는 원인은 무엇일까? 안타깝게도 일부 상사들이 주로 이 극단적인 언어를 사용하면서 동시에 갑질을 하게 된 탓이다. 이제 '갑질(Gapjil)'은 위키피디아에서도 찾을 수 있다. 갑질은 '한국인의 오만하고 권위적인 태도나 행동을 나타내는 표현'이라고 쓰여져 유독 한국인의 특성처럼 묘사되어 있다. 기본적으로 '갑의식(甲意識)'이 있는 사람들이 상대에게, 특히 직장에서 자기보다 아랫사람에게 극단적인 언어를 쓰면 바로 폭언으로 변한다. 폭언은 갑질과 극단의 결합체이다. 그래서 극단적인 언어가 폭언으로 가는 것을 막으려면 우선 마음씨부터 바꾸어야 한다.

어떤 마음씨를 가져야 폭언을 안 할까? 욕쟁이 할머니가 밑반찬을 듬뿍 퍼주면서 욕을 해도 기분이 나쁘지 않다. 밑반찬

때문이 아니다. 욕쟁이 할머니가 가진 '공감 능력' 덕분이다. 상
대가 기분 나쁘지 않게 말할 수 있는 마음씨, 바로 공감 능력이
다. 공감 능력을 갖추면 입에서 말이 나오기 전에 먼저 마음의
필터를 거치기 때문에 말의 속뜻은 온화해진다.

●   감사를 담은 언어는
                진정성을 전달한다

'비폭력 대화'의 창시자이자 '비폭력 대화센터'의 설립자 마셜
로젠버그(Marshall Rosenburg)는 『상처 주지 않는 대화』에서 '공
감은 인간이 다른 사람에게 줄 수 있는 가장 값진 선물'이라고
한 마르틴 부버(Martin Buber)의 말을 인용해 비폭력 대화에서
필요한 공감 능력은 저절로 생겨나는 것이 아니라 돌보고 가꾸
어야 한다고 했다. 그는 또한 이렇게 말했다.

　"공감하는 태도를 키우기 위해서는 감사하는 자세가 필요합니
　다. 감사함은 사람들이 서로서로 다른 사람의 삶을 풍성하게 해
　줄 수 있다는 사실을 잊지 않게 합니다. 우리가 늘 감사하는 마음

을 가지고 살면 우리 내면에 흐르는 에너지가 다른 사람을 공감

할 수 있도록 돕습니다. 결국 감사함은 삶을 즐기는 것입니다."

타인을 이해하고 인정하는 공감은 감사하는 마음에서 출발

한다. 공감(共感)한다는 것은 함께 무언가에 감사(感謝)한다는

뜻이다. 느낄 감(感)자가 공통적으로 들어가는 것이 눈에 띈다.

지금 같이 있는 이들에게 감사하고, 그들과 일하는 것에 감사하

고, 그들과 말하는 것에 감사한다면 결코 극단적이고 폭력적인

단어는 나오지 않는다. 폭언을 일삼는 사람들을 보라. 그들은

그들이 가진 것에 감사할 줄 모르고, 오히려 늘 부족함을 느끼

는 사람들이 많다.

공인을 죽음으로까지 몰고 간 악성 댓글들은 모두 마음의 병

을 앓고 있는 사람들이 해대는 말이다. 말하는 자신이 당당하고

삶에 감사한다면 그런 폭언이나 악플을 달 이유가 없다. 온화한

말을 하는 사람들을 보라. 그들은 사소한 것에도 감사함을 느끼

기에 그 감사함을 상대에게 반사하고 있다. 감사함을 일상으로

삼는다면 굳이 극단적인 언어를 사용하지 않더라도 여러분의

말은 늘 진정성을 전달해준다. 우리의 말하기에도 '범사에 감사

하라'는 말은 그대로 적용된다.

"

견줄 만한 것을 지닌 것은 결코 극단적이지 않다.

미셸 드 몽테뉴(Michel de Montaigne), 프랑스 철학자

"

02 | 청중의 기억에 남는 말하기 습관

말은 단둘이 할 때도 있고, 여럿과 여럿이 할 때도 있다. 그중에서도 역시 가장 어려운 말하기는 여럿을 상대로 혼자 말할 때, 즉 '17대1'의 말하기이다. 흔히 얘기하는 스피치, 강연, 회의, 모임, 프레젠테이션 등이 이에 해당한다. 이런 스피치든 강연이든 여러 사람 앞에서 말하는 것이 쉬운 듯 보이지만, 막상 앞에 나가면 아무것도 보이지 않고 들리지도 않게 된다. 때로는 내가 무슨 얘기를 하고 내려왔나 싶은 게 스피치나 강연이다.

　나 역시 첫 강연을 했을 때 눈앞에 아무것도 보이지 않고 깜깜했던 기억이 난다. 나의 공식적인 첫 강연은 출판사에서 했던 시강(試講)이었다. 첫 책을 낸 출판사에서 시강을 하려니 얼마나 긴장되고 떨렸는지 그 당시 녹화해둔 영상을 보면 온몸이 땀으로 흠뻑 젖어 있다. 지금에 비하면 유치하고 부족하기 그지없는 강연이었고, 무슨 배짱으로 강연을 하겠다고 했는지 모를 정도로 함량이 많이 부족했다. 강의가 아니라 강연을 하라는 누군가의 조언을 듣고 연기학원에 다니기도 하고 무대의 크기를 잘 파악하려고 탱고까지 배웠지만, 역시 실전에 나서면 정말 많이 부족했다. 아무리 연습해도 여전히 일대다 말하기는 참 어렵다.

● 무대 위에서 말 잘하는 방법

① 청중과 교류하고 공유하기

지금 이 책을 읽는 독자 중에 스피치나 강연을 앞둔 경우가 있을지도 모른다. 가장 중요한 것은 무대에 오를 때와 무대에서 내려올 때 두 번은 정신을 바짝 차려야 한다는 것이다. 무대 앞 청중은 여러분의 말을 듣는 동안 공감대를 형성하고 말하기의 주제를 수용하며 그 주제를 나중에 행동화하는 일련의 과정을 거친다.

그래서 말하는 사람은 청중에게 말하는 주제가 무엇인지 무대에 오르기 전에 스스로 확인하고, 말이 끝날 무렵에는 원래 말하고자 했던 말하기의 목표치에 도달했는지 반드시 확인해야 한다. 한 공간에서 30분이라도 같이 있었다면, 말하는 사람은 청중과 간극을 좁히고 사고를 교류하고 가치를 공유해야 한다. 이런 교류와 공유가 반드시 자석의 N극과 S극처럼 일어나야 그 말하기는 성공한 것이다.

② 주제를 앞뒤에 강하게 담기

말하기는 처음과 끝이 무척 중요하다. 우선 말하는 사람은 반드시 자기가 하고 싶었던 말로 시작하고 끝을 맺어야 한다. 표현은 바뀔 수 있으나 달리기에 출발선과 결승선이 있는 것처럼 말하기에도 반드시 시작점과 마침표가 있어야 한다. 자신도 이해하지 못 하는 말로 시작해 이야기하는 동안에도 안개 속에서 헤매다가 흐지부지 말을 마치는 것은 최악의 말하기이다.

특히 말은 끝이 정말 중요하다. 말을 잘하는 사람들 중에서도 창의력과 순발력을 발휘해 말을 시작하지만, 인상적이고 강렬한 끝내기를 못 하는 경우가 많다. 특히 아이디어나 지식이 많은 이들은 말할 때 의외로 산만하고, 끝내기가 약한 경우가 많다. 그래서 말하기를 시작해 중간을 넘어서면 주제를 강조하기로 했던 최초의 의도를 분명히 기억하고, 끝에 가서는 내 말의 주제를 굳혀야 한다. 말하기에도 늘 끝내기 홈런을 생각해야 한다. 말하기를 마무리할 때 하고 싶었던 말을 다시 강조하면 듣는 사람은 말하는 이의 목표와 생각을 명쾌하게 확인하고 기억하게 된다.

③ 초두 효과, 최근 효과, 서열 위치 효과

심리학에 '초두 효과(Primacy Effect)'와 '최근 효과(Recency Effect)'라고 있다. '초두 효과'란 사람들이 여러 개의 정보 혹은 단어를 들었을 때 처음에 들었던 단어와 정보를 가장 잘 기억하는 현상을 말한다. 예를 들면 나의 경우는 강연할 때 제목과 나에 대한 소개를 시작 부분에 하곤 하는데 나에 대한 여러 가지 소개 중 특히 직장 생활을 24년간 했고 사원부터 시작해서 상무까지 9개 직급을 모두 거쳤다는 사실을 청중들은 강의가 끝나고서도 잘 기억한다. 한편 '최근 효과'라고 하여 정보가 순서대로 제시되었을 때 사람들은 보통 앞의 정보보다 뒤의 정보를 더 또렷하게 기억하는 현상도 있다. 예를 들면 영화가 내내 지루하다가도 마지막에 강한 액션이나 울컥한 감동, 클라이맥스, 완벽한 반전이 펼쳐지면 나올 때 박수치고 나오는 것과 같은 이치이다.

결국은 처음도 중요하고 끝도 중요하다. 이러한 현상은 '서열 위치 효과(Serial-Position Effect)' 때문에 생긴다. '서열 위치 효과'에 따라 처음 들은 정보는 '인지적 반복(Rehearsal)'이 자주 일어나 결국 '장기 기억(Long Term Memory)'에 남고, 반대로 나중에 들은 정보는 앞의 기억들을 축적 반복할 필요가 없기 때문에 '단기 기억(Short Term Memory)'에 강력하게 남는다는 것이다. '초두 효과'와 '최근 효과'는 거의 동시에 일어난다. 그리고 중간에 나오는 단어나 정보는 사람이 느끼는 기억의 피로함 때문에 '회수'가 잘 안 된다는 것이 바로 '서열 위치 효과'이다.

나의 첫 직업은 방송국 구성작가였다. 쇼 프로그램 구성작가였는데 늘 쇼의 처음은 아주 신나는 댄스음악이었고, 중간은 발라드, 후반에는 조용필 같은 거장이 나와 피날레를 장식하곤 했다. 맨 앞줄에 서거나 맨 뒷줄에 서면 기억나지만, 어중간하게 중간에 서면 존재감이 없어지는 것처럼 여러분의 말하기로 존재감을 남기려면 앞말과 뒷말이 강렬해야 한다.

④ 청중의 생각 흐름 파악하기

앞뒤가 모두 강렬하고 인상적이려면 어떻게 해야 할까? 우선 청중 앞에서 말할 때는 에너지와 내용의 배분을 잘해야 한다. 나의 경우는 강연이 90분이라면 내용은 고르게 균분하더라도 에너지는 앞쪽 60분에 40%를 쓰고, 뒤쪽 30분에 60%를 쓰는 식이다. 처음에 에너지를 덜 쓰는 이유는 내가 무대에 오름으로써 사람들은 일단 초두 효과에 따라 쉽게 기억한다. 반면 시간이 지날수록 집중력이 떨어지고 피곤함을 느끼므로 뒤의 30분은 나의 에너지로 '최근 효과'를 강화해야 한다.

서열 위치 효과에도 불구하고 말을 잘하는 방법은 중간중간 청중들의 기억을 돕는 것이다. 그러려면 말하는 중간마다 '공기를 읽으며' 말해야 한다. 다수 앞에서 말하는 사람은 사냥꾼처럼 민감하게 청중의 생각 흐름을 파악해야 한다. 청중들의 생각이 좌에서 우로 흐르는지, 아니면 반대인지, 온도가 찬 곳, 더운 곳이 어디인지, 바람이 시작되고 머무는 곳이 어디인지 흐름을 파악하며 말해야 한다. 공기를 읽으라는 말은 상호작용하며 이를 민감하게 읽어내어 말해야 한다는 뜻이다. 예를 들어, 지루한 듯 보이면 예정에 없는 가벼운 농담을 한다든지, 동영상을 재생한다든지, 말을 건넨다든지 하는 것이다. 이렇게 청중을 파

원칙 ④ · 해결과 모범

악하는 것은 무척 중요한 말하기이다.

⑤ 청중의 표정을 읽고 메모리 후크 사용하기

나는 강연을 할 때 청중이 200명이면 200명의 얼굴을 모두 보려고 노력한다. 한 사람 한 사람 얼굴에 눈으로 점을 찍듯 말이다. 그렇게 하는 이유는 청중의 표정을 통해 나의 강연 내용에 동의하는지, 이해하고 있는지 혹은 무슨 불만이 있는지, 내 강연이 지루하지는 않은지 끊임없이 파악하려는 것이다. 내가 읽은 청중의 표정으로부터 스스로 피드백을 받아 거기에 맞추어 내용을 조정하거나 완급을 조절하곤 한다.

바꾸어 말하면 청중이 연사에게 강연의 피드백을 하는 방법은 표정밖에 없다. 자세는 대부분 앉아 있어야 하고, 말할 기회는 질의응답 외에는 없기 때문에 대놓고 졸지 않는 한 청중의 표정이 연사에게는 가장 큰 바로미터이다. 그래서 공기를 읽으며 말을 할 때는 청중의 표정에 가장 많은 관심을 기울여야 한다.

청중의 표정을 보고 새로운 공기가 필요하다 싶으면 '메모리 후크(Memory Hooks)'를 사용하길 권한다. '메모리 후크'란 전문 강연자로 명성이 높은 캠 바버(Cam Barber)가 『반드시 전달되는 메시지의 법칙』에서 소개한 개념이다.

메모리 후크란 무엇인가? 듣는 사람의 머리를 부드러운 벽이라고 가정해보자. 평범한 단어와 아이디어는 머리에 닿아도 그냥 미끄러져 떨어진다. 하지만 메모리 후크는 청중의 머리에 이미 있는 무언가에 걸린다. 그래서 갈고리처럼 청중의 의식 깊숙한 곳에 있는 기억을 끌어낸다. 메모리 후크는 누구나 연관 지어 생각할 수 있는 친숙한 장소나 상황을 떠오르게 한다.

나는 직장 생활 10년차쯤 되는 직원들을 대상으로 강연할 때 메모리 후크를 종종 사용한다. 입사한 지 10년차가 되면 이제는 직장 생활에 대해 어느 정도 말할 수 있는 위치이다. 그래서 매너리즘에 빠지거나 번아웃 증후군을 겪는 경우들이 있다. 그런 직원들을 대상으로 강연을 할 때, 나는 그들이 막 회사에 입사해서 처음 명함을 받고 사원증을 목에 걸었던 그때를 떠올리도록 메모리 후크를 쓴다. '여러분, 처음 연수원에 왔을 때 여러분의 눈에 제일 먼저 보인 게 무엇이었나요? 그때 회사에서 나온 첫 명함을 받았을 때 기분이 어떠했나요?'라고 묻는다. 그러고는 그 시절로 돌아가 그때 가졌던 '초심'에 대해서 이야기를 나누며 재충전을 독려한다.

무대에서 말을 잘하고 싶다면 여러분이 말하고자 하는 것을 앞뒤에 강하게 담되, 중간에는 공기를 읽으며 청중의 생각 흐름을 부드럽게 도와라. 그것이 무대 위에서 여러분이 말한 내용이 강의실 밖으로, 연설장 밖으로 살아가서 청중의 기억 속에 오래 남는 방법이다.

"

마지막이 작품에 월계관을 씌운다.

중세 라틴 격언

"

03 | 스토리텔링으로 설득하고 이해시켜라

우리는 상대의 감정을 고려하는 말을 많이 한다. 국립국어원의 오픈 사전 '우리말샘'에 따르면 요즘 직장인들은 딱딱해 보이거나 가벼워 보일 수 있는 '네', '넹' 따위의 대답 대신에 빠르고 명료한 느낌을 주는 '넵'을 많이 사용한다고 되어 있다. 메신저에서 가장 듣기 좋은 대답은, 듣는 사람의 입장에서 아주 강한 동의와 추종을 보이는 '넵!'이다. '넵'은 '네'와 말할 때 상대방을 높이는 말씨인 '옙'을 합친 단어이다. 그래서 '넵'은 '잘 알겠고, 그렇게 실행하겠습니다'라는 긍정과 존중이 함께 담겨 있어 상대로는 참 만족스러운 대답이다. 그 옆에 이모티콘을 하나 붙이면 뜻을 더 보강해주는 역할을 한다.

카카오 이모티콘은 2019년 말 현재 월평균 사용자가 2,900만 명에 달한다고 발표했다. 전 국민의 절반이 이모티콘을 사용해서 소통하고 있다. 우리는 메시지의 사소한 대답 하나에도 이렇게 상대방이 좋아할 만한 대답에 이모티콘까지 더 하고 있는 것이다.

감성지능의
필수 요소 5가지

4차 산업 혁명에서도 사람의 감정을 고려한 말하기는 참 중요하다. 아마존의 AI 비서 알렉사도 6가지 감정 표현을 담아 말하도록 개발 중이라고 한다. 다음은 한 신문의 '감정을 담은 목소리를 내는 인공지능'에 관한 기사 내용 중 일부이다.

스마트 스피커 등에 탑재되는 아마존의 AI 비서 '알렉사'가 딱딱한 기계 음성이 아닌 실제 사람과 대화하듯이 분위기에 따라 목소리의 높낮이나 억양을 바꿔가며 말할 수 있도록 진화시킨다는 것이다. 알렉사가 표현하게 될 감정은 기쁨, 흥분, 실망 등 6가지 감정이다. 예를 들어 사용자가 날씨나 생활 정보 등 가벼운 질문을 하면 밝고 경쾌한 목소리로, 응원하는 야구팀이 패했을 때는 목소리 톤을 낮춰 실망한 어조로 경기 결과를 전하는 식이다. 응원하는 팀이 이겼을 때는 빠르고 큰 목소리로 말한다.

4차 산업 혁명 시대 속에서 메신저와 인공지능의 말하기에도 사람의 감정을 더욱 담으려 하는 것이다. 그러면 AI가 아닌 'HI(Human Intelligence)'를 가진 우리 인간은 어떻게 타인에게 더욱 효과적인 말하기를 할 수 있을까? 인간에게는 사실 AI가 가지지 못한 다중지능이 있다. 그 가운데 '감성지능(Emotional Intelligence)'이라는 것이 있다. '감성지능'이란 자신이 생각하고 행동하는 방식을 조절함으로써 타인의 생각과 감정을 이해하는 능력이다. 감성지능 전문가 다니엘 골먼(Daniel Goleman)에 따르면 감성지능은 다음과 같이 5가지 필수 요소를 포함한다.

① 자기 인식(Self Awareness): 즉 자신을 이해하고 타인의 의견을 잘 수용하며 실패를 쉽게 시인하고 자신의 강점과 약점을 바탕으로 타인에게 도움을 요청하는 것을 두려워하지 않는 지능이다.

② 자기 규제(Self Regulation): 감정을 존중하되 감정에 의해 자극되는 충동을 제어해 행동하고 말하기 전에 생각하는 지능이다.

③ 동기 부여(Motivation): 목표를 설정하고 그 목표를 반드시 성취하고자 하는 마음이며 결국 그 기저는 자기 일에 대한 열정과 낙관적인 사고이다.

④ 공감(Empathy): 결정을 내릴 때 사람들의 감정을 고려하고 조직 내 역할을 파악하는 데 능숙하며 문화적 차이를 쉽게 이해할 수 있는 지능이다.

⑤ 사회적 기술(Social Skill): 사회적으로 협력하며 설득하는 지능을 말한다.

감성지능이 필요한 이유는 우선 자기 자신을 인식하고 자신의 강점과 약점을 이해하는 메타인지가 기본적인 전뇌(全腦) 사용 말하기의 출발점이기 때문이다. 감성지능을 통해 논리적인 사고를 담당하는 좌뇌(左腦)와 타인에 대한 공감을 챙기는 우뇌(右腦)가 합쳐져 논리적으로 말하되, 타인의 감정을 고려하고 차이를 이해하면서 메시지가 구성된다. 그렇게 구성된 메시지는 '말'이라는 사회적인 기술을 통해 자타 존중의 관계를 만든다. 쉽게 말하면 여러분이 스스로를 인식하고 절제하며 타인에게 동기도 부여하고 공감도 하면서 말하기와 같은 사회적인 기술을 담당하는 지능이 바로 감성지능이다.

감성지능을 발휘한 말하기, 스토리텔링

감성지능이 발휘되는 가장 좋은 말하기는 무엇일까? 바로 '스토리텔링'이다. 우리가 어릴 때 들었던 많은 동화들이 모두 스토리텔링이다. 스토리 안에는 반드시 텔링이 있다. 흔히 말하는 교훈, 가르침 같은 것이다. 어릴 때는 스토리텔링을 잘했다가 나이가 들면 실없는 소리, 일어나지 않은 얘기는 하지 않으려 하고, 상상력을 죽이고 자신의 스토리도 별거 아닌 얘기로 치부한다.

그러나 여전히 스토리텔링은 전뇌에게 말하는 감성지능의 가장 큰 도구이다. 특히 각자의 스토리는 귀한 손님이 오면 대접해야 하는 말하기의 시그니처 메뉴이다. 미국 클레어몬트대학원의 신경과학자 폴 잭(Paul Zak) 등은 우리 뇌가 '옥시토신(Oxytocin)'을 생산할 때 다른 사람에 대한 이해심, 신뢰성, 관대

함, 동정심 등이 증가한다는 사실을 발견했다. 즉, 이야기를 듣는 상대가 옥시토신이 합성되는 경험을 한다면, 그들은 여러분을 믿고 이해할 것이다. 이 방법이 바로 스토리텔링이다.

폴 잭 교수 등은 스토리텔링이 옥시토신의 합성에 미치는 영향을 조사했다. 그들은 캐릭터를 가진 스토리가 듣는 사람의 옥시토신을 체계적으로 합성하도록 만든다는 것을 발견했다. 그래서 폴 잭 교수는 사람들에게 스토리텔링을 강력히 추천한다. 그의 연구 결과에 따르면, 감성적인 내용이 담긴 캐릭터 중심의 이야기를 들려주면 듣는 사람은 파워포인트로 설명하는 것보다 주요 요점을 더 잘 이해하고 몇 주 후 이 요점을 더 잘 기억했다.

그는 사람들에게 모든 프레젠테이션을 강렬하고 인간적인 이야기로 시작하라고 조언한다. 공감을 얻기 위해서는 이야기에 긴장감을 높여 듣는 사람의 관심을 유지하고, 그 이야기를 통해 성격과 감정을 공유하면 듣는 사람은 옥시토신을 합성하게 된다고 한다. 결국 스토리텔링은 듣는 사람의 뇌 속에 옥시토신을 만들어 말하는 여러분을 신뢰하고 이해하도록 해준다.

기억에 남는
스토리 만들기

어떻게 하면 옥시토신이 나오는 스토리텔링을 할 수 있을까? 먼저 스토리의 구조를 치밀하게 짜야 한다. 여러분이 말하고자 하는 바를 극적으로 보이게 각색하여 전달하는 것이 스토리텔 링이므로 스토리 안에 기승전결 혹은 강약고저 등의 사전 구조 를 탄탄하게 구성해 넣어야 한다.

스토리의 전형적인 구조는 단점과 위기를 극복하고 의미 있 는 엔딩으로 끝나는 것이다. 텔링은 그 스토리에 맞는 메시지로 완성한다. 자연히 스토리텔링은 여러분의 부족한 점을 이야기 하는 것부터 시작된다. 그렇다고 해서 걱정할 필요는 없다. 그 이야기는 결국, 여러분의 승리담으로 끝나게 된다.

스토리텔링의 목적은 메시지를 보내는 데 먼저 스토리를 통 해 우뇌에 각인시키고, 텔링을 통해 좌뇌에 각인시키는 거다. 스토리텔링의 궁극적인 목적은 청자를 감동시키는 것이 아니 라 청자를 설득하고 이해시키는 것이다. 스토리텔링은 미담이 아니므로 반드시 메시지가 있어야 한다. 그리고 스토리는 반전 과 다소의 놀라움을 통해 약간의 충격으로 기억되어야 한다. 만약 스토리가 강하지 않다면 여러분의 메시지는 상대방의 귓등 근처에도 가지 못한다. 다음은 내가 자주 인용하는 스토리텔링이다.

"마이크로소프트의 사티아 나델라(Satya Nadella) CEO는 빌 게이츠(Bill Gates)처럼 미국의 주류가 아니다. 그러나 사티아 나델라는 회사를 변화시켰다. 우선 빌 게이츠가 회사 직원들에게 '모든 걸 알아야 한다(Know it all)'라고 경쟁을 강조한 반면, 사티아 나델라는 직원들에게 '모든 건 배우면 된다(Learn it all)'라며 직원의 무지도 수용했다. 사티아 나델라의 장남은 뇌성마비를 앓고 있다. 사티아 나델라는 인간을 중요시하며, 맹인 독서 소프트웨어를 개발하기도 했다. 여러 면에서 기존의 마이크로소프트에 없었던 '인간에 대한 사랑'을 회사에 심은 것이다. 마이크로소프트는 클라우드 컴퓨팅 회사로 탈바꿈하여 빌 게이츠 때보다 더 수직으로 상승하고 있다. 아무리 첨단 컴퓨터 회사라도 '인간에 대한 사랑'이 이식되어야 진정으로 성숙한 글로벌 리딩 기업이 되는 것이다."

여기서 스토리와 텔링이 정확히 구분된다. 그리고 메시지,

즉 '인간에 대한 사랑'은 늘 경영에서 우선되어야 한다는 점도 강조되었다. 사티아 나델라의 아픈 가족사가 인용되었지만, 결국은 사티아 나델라의 승리담으로 완성되었다.

●   스토리를 만들 때
                                              주의할 점

훌륭한 스토리텔러(Story Teller)가 되기 위해서는 어떻게 해야 할까? 우선 적극적인 스토리 수집가(Story Collector)가 되어야 한다. 스토리는 팩트와 다르며, 그래서 스토리텔링을 하려면 다른 사람의 스토리를 수집하고 가공하며 거기서 흥미로운 구조와 흐름을 자주 만들어 보아야 한다. 여러분의 스토리를 만들기 전에 우선 타인의 스토리를 많이 듣고 기록하며 자신만의 스토리 창고를 만들어라. 그때 주의할 점은 3가지다.

첫째, 단순히 모아놓은 스토리를 혼용하는 것인데, 예를 들면 하나의 스토리에 여러 개의 텔링을 담으면 스토리도 텔링도 힘이 약해진다. 그러니 하나의 스토리에는 하나의 텔링만 강조해야 한다.

둘째. 스토리텔링은 그 어떤 말하기보다 무수한 실습과 사용이 필요한 말하기이다. 듣는 이의 반응을 살피고 얼마나 설득력이 있었는지 기억해두라. 그리고 다시 실습하라.

셋째. 설득력이 떨어진다고 해서 MSG(인공조미료)를 써서는 안 된다. 스토리는 진정성이 떨어지는 순간 힘을 잃는다. 차라리 스토리를 바꾸어라. 다만 그 스토리는 여러분이 먼저 놀라고 감동해서 스스로 진정성을 갖고 전달할 만큼 강력한 것이어야 한다.

폴 잭 교수가 강조한 것처럼 스토리는 긴장이 필요하고 집중이 필요하다. 감성지능을 갖추는 것, 그리고 나서 그 감성지능을 스토리텔링으로 표현하면 듣는 이의 기억에는 수십 장의 파워포인트보다 오래 남을 것이다.

"

소수의 다채로움이 다수의 단조로움보다 가치 있다.

장 파울(Jean Paul), 독일 소설가

"

04 | 조언할 때는 경험과 감정을 공유하라

이국종 교수는 의사일까, 환자일까? 이국종 교수는 명의(名醫)이자 외상 치료의 대가이다. 하지만 동시에 환자이기도 하다. 그는 한 일간지에서 '나는 항상 우울하다'고 고백하며 자신이 겪은 우울증을 이렇게 표현했다.

> "참담한 일들이 두개골 속 대뇌에서부터 척추 신경망을 타고 전신의 세포 말단까지 선명하게 파고들었다. 극도의 우울함을 넘어 마치 온몸이 마비되는 것 같았고, 구토가 올라왔다. 자주 화장실에 들락거렸으며 멍하니 딴생각하며 걷다가 자꾸 부딪치거나

발을 헛디뎠다.”

매일 수많은 사람의 생명을 구하는 영웅도 이렇게 우울증을 겪고 그 우울함을 이겨내기 위해 구내식당의 점심 반찬이 잘 나온 것과 같은 사소한 일에서 행복을 느끼려 한다고 했다. 본인의 우울함을 표현한 것만 보아도 참 진솔하고 용기 있는 분이다. 나도 두 번째 책『직장인의 바른 습관』에서 나의 멘탈 관리에 대해 커밍아웃했었다.

“실제로 저는 15년 넘게 멘탈 클리닉에 가서 상담을 받고 있습니다. 주기적으로 찾아가 30분쯤 대화하고, 필요에 따라 마음 비타민을 처방받아 먹기도 합니다. (중략) 그렇게 저는 멘탈 클리닉에서 마음 관리를 받으며 7년간 대기업 임원을 지냈고, 박사 학위도 땄습니다. 또한 사내 변호사로 빈틈없이 일을 처리하고 두 권의 책을 집필할 때에도 꾸준히 마음 관리를 받아왔습니다. 결과적으로 심리 전문가를 찾아간 것이 참 잘한 일이었다고 생각합니다.”

영국의 윌리엄 왕세손(William Windsor), 해리 왕자(Henry

Windsor), 미국의 팝가수 머라이어 캐리(Mariah Carey), 배우 드웨인 존슨(Dwayne Johnson)은 모두 자신의 우울증을 미디어에 고백한 바 있다. 누구든지 말하기에는 자신의 감정을 표현하고 멘탈을 챙기는 것이 필요하다.

협상에서도 감정을 표현해야 한다

많은 이가 자신의 감정을 표현하거나 멘탈 관리에 관해 얘기하기를 꺼린다. 우리는 어릴 때부터 감정을 자제하라고 배웠다. 남자는 태어났을 때, 부모가 돌아가셨을 때, 그리고 나라가 망했을 때 딱 세 번 울어야 한다고 했고, 여성도 여성스러워야 한다고 했다. 참 지나친 틀이다. '인간은 감정의 동물'이라는 흔한 수사를 쓰지 않더라도 사람은 늘 감정적이며, 심지어 우리의 감정은 소셜 미디어에서도 표현된다. 다양한 SNS와 메신저 앱에서 자기표현의 수단으로 사용하는 '이모티콘'도 '이모션(Emotion)'을 담아 보내기 위해 만들어진 것이다. 멘탈은 반드시 관리되고 감정은 표출되어야 한다.

그런데 우리는 정작 말을 잘하려면 감정을 억눌러야 한다고 배운다. 스피치 학원에 가면 앵커처럼 말하는 방법을 배우는데 많은 스피치 강사가 스피치를 그렇게 배웠기 때문이다. 앵커라는 직업의 사람들은 감정에 휘둘려서는 안 되고, 팩트와 메시지 중심으로 말해야 하므로 객관적이고 정리된 말하기를 한다. 그래서 카메라 밖에서는 유쾌한 성격의 아나운서나 앵커들도 카메라 앞에서는 갑자기 엄근진(엄격, 근엄, 진지)이 된다.

하지만 우리의 말하기는 그 자체가 감정을 표현하는 도구이다. 감정을 분리하면 좋은 말하기가 못 되며 감정을 유지하는 것이 중요한 말하기도 있다. 오히려 감정을 완전히 배제하는 말하기는 없다고 봐도 좋다. 냉철함을 유지해야 하는 협상은 어떨까? 내가 기업의 무역통상팀에 근무했을 때의 일이다. 미국에서 아주 유명한 통상법 변호사와 한 팀이 되어 미국 상무부 담당자와 협상에 임한 적이 있었다. 그런데 협상 도중에 갑자기 우리 측 변호사가 화를 내며 연필을 던지고 노트를 덮더니 밖으로 나가버렸다. 앞에 앉은 상무성 공무원의 얼굴이 붉어졌고, 나는 당황해서 쫓아갔다. 로비로 나가 보니 그 변호사는 한가하게 커피를 마시고 있었다. 그 모습을 보고 어리둥절해하는 나에게 그 변호사는 웃으며 '분노를 이용했다'라고 말하더니 커피를 계속 마셨다. 심지어 냉정을 유지하라는 협상에서도 이런 '분노 관리(Anger Management)' 스킬이 사용된다.

감정을 담아
감정 경험 표현하기

명연설의 연설자도 분노, 격려, 희망 등 감정을 담아 스피치를 한다. 강의와 강연의 차이도 바로 감정을 담느냐 안 담느냐에 있다. (어떤 것이 좋고 나쁘냐가 아니고 그 차이점만 봤을 때) 감정이 담기면 그게 강연이다. 우리의 말하기에도 때로는 이렇게 감정을 담아야 할 때가 있다. 만약 처음 보는 누군가의 말에 친근감을 느꼈다면 말하는 사람이 감정을 솔직하게 말로 표현했기 때문일 거다. 말하기에 정도의 차이는 있더라도 늘 감정을 담아야 한다. 말하기는 감정의 분출뿐 아니라 소통의 도구도 된다.

특히 상대가 어떤 문제에 대해 해결책을 물었을 때는 답안과 함께 자신이 겪었던 감정을 담아 '감정 경험(Emotional Experience)'을 말로 표현하길 권한다. 사람은 누구나 다 감정 경험을 가지고 있다. 과거에 어떤 상황에서 감정을 경험했다면 그 경험은 유사한 상황에서 다시 또 반복된다. 그렇게 사람들은 감정 경험을 쌓고, 그 감정 경험은 당연히 감성적인 언어로 표현된다. 누구나 다 가지고 있는 감정 경험을 이해하기 쉬운 감성 언어로 표현하는 것은 듣는 이에게 무척 효과적이다.

특히 상대가 처한 문제에 대해 같은 입장에서 해결책을 제시할 때는 지적인 자극보다 감성 언어로 접근하면 좋다. 말하기에서는 지성보다 감성이 힘을 발휘하는 경우가 종종 있기 때문이다. 예를 들어 '인지했다'라는 지성보다 '깨달았다'와 같은 감성 단어가 때로는 강력한 힘을 발휘한다. 말하는 사람과 듣는 사람 간에 감정 경험을 교류하고 이를 통해 경험적 차원의 감정 연대가 이루어지면 인간관계도 더욱 단단해진다.

●   감정을 공유해
                              '점화 효과' 활용하기

감정 경험 말하기는 'VR'처럼 상대에게 가상현실을 보여주는 것과 같다. 상대가 나의 입장이 되어 내 감정을 경험하게 함으로써 이해하고 공감하며 정답을 찾아가게 되는 것이다. 물

론 상대가 그 감정을 경험하게 하기 위해서는 반드시 여러분의 에피소드(Episode)가 들어가야 한다. 감정 경험은 특정 상황(Situation)에서 시작되기 때문이다.

예를 들면, 내일 프레젠테이션을 앞둔 후배에게 경험자로서 조언한다면 어떻게 조언하는 것이 효과적일까? '자료는 잘 준비했지? 듣는 사람들이 많아도 정면을 보고 떨지 말고 당당하게 잘해'라고 말하면 경험이 없는 후배에게 얼마나 도움이 되겠는가. 이렇게 바꿔 말하면 어떨까?

"내일 프레젠테이션 준비는 잘하고 있지? 나도 그 자리에서 프레젠테이션을 해보았는데 처음에 들어가니까 정말 아찔하더라. 사람들이 온통 나만 보고 있는 거야. 처음에는 떨려서 한마디도 못하겠더라고. 근데 가만히 생각해보니 저 사람들은 어차피 내 얘기를 들으러 앉아 있는 사람들이야. 그래서 나는 사람들의 시선을 그냥 스마트폰 카메라라고 생각했어. 그러고 났더니 나는 포즈를 취하듯 내가 하고 싶은 말들을 잘 펼쳐놓으면 되겠다는 생각이 들었어. 자네도 들어가면 처음에는 아찔할 거야. 그렇지만 스마트폰 카메라라고 생각하고 멋진 포즈를 취해봐."

심리학 이론 중에 '점화 효과(Priming Effect)'라고 있다. 앞서 받은 자극에 따라 그 이후의 판단이 좌우되는 현상이다. 심리학자 존 바그(John Bargh)는 실험을 통해 노인과 관련된 용어(주름, 회색 등등)에 노출된 피험자들이 무의식적으로 더 느리게 걷는다는 결과를 얻었다. 노인과 관련된 용어를 접한 것만으로 행동에 영향을 받은 것이다. 여러분이 상대방에게 감정을 공유해서 상대방이 그 감정을 간접 경험한 순간 그 사람은 해결책을 찾을 수 있다.

●   감정 경험을
          말할 때의 필수 요소

감정 경험으로 말하기에는 'Episode, Situation, Feeling'이 모두 녹아 들어가 있어서 상대를 여러분의 말하기에 쉽게 몰입하게 만든다. 여기에는 또 한 가지 필수 요소가 있다. 바로 말하는 사람의 표정과 동작이다. 말을 잘하는 사람 중에 연기력이 뛰어난 사람은 감정과 표정을 자연스럽게 일치시킨다. 표정까지 감정선을 따라 바꿀 수 있다면 그 감정 경험 말하기는 상대에게 강하게 해결책을 제시해줄 것이다.

심리학 이론 가운데 '더블 바인드 효과(Double Bind Effect)'라고 있다. 모순된 커뮤니케이션을 하게 되면 상대는 혼란스럽고 긴장하게 되며 동시에 말의 진의를 잘못 알아듣게 된다. 예를 들어 여러분이 웃는 얼굴로 화가 났던 경험을 얘기하면 듣는 사람은 여러분을 무척 냉정한 사람으로 보거나 화가 났던 여러분의 감정 경험을 경시(輕視)할 것이다. 감정 경험을 말할 때는 그 감정에 맞는 표정이 필요하다. 특히 듣는 이가 아랫사람일 경우는 여러분이 말하는 내용보다 표정과 태도에 더 집중해 그 감정 경험을 번역할 수 있으니 표정과 감정은 특히 일치해야 한다.

● 　　　　　　　　　　감정 경험을
　　　　　　　　　　표현하는 훈련법

감정 경험을 표현하기 위한 좋은 훈련은 무엇일까? 바로 독서로 토론하기이다. 독서 토론은 하나의 주제를 가지고 여러 가지 시점에서 자기 생각을 토론하는 것이다. 책은 1인칭, 3인칭 등 모두 다른 관점으로 기술되어 있어 상황이나 감정을 대입하기 좋은 도구이다. 독서 토론은 기본적으로 책의 내용에 대한 공감, 그리고 반대 시각 등을 투영하여 토론할 수 있다는 장점이 있고, 토론이 활성화되면 책의 내용 이외에도 더 많은 내용으로 발전된 토론이 가능하다.

또 자신의 감정을 일기로 쓰거나 기록으로 남기는 것도 좋은 방법이다. 감정 경험을 정리해두는 데는 다른 사람의 경험을 글로 읽고, 여러분의 경험은 글로 남기는 것이 효과적이다. 여러분의 감정을 전하려면 먼저 자신의 감정부터 기록하고 기억해두는 게 중요하다.

"

보는 것은 믿는 것이지만, 느끼는 것은 진실이 된다.

토마스 풀러(Thomas Fuller), 영국 역사학자

"

05 | 리더가 지켜야 할 말하기 원칙

요즘 들어 세대 공부를 참 많이 한다. XYMZ 알파벳들이 앞에 붙어, 사람이 태어난 연도와 결합해 그 세대를 구분하고 규정짓는다. 예전에는 사람은 여성과 남성뿐이었는데 이제는 X남성, Z여성 등 10개쯤 종족이 새로 만들어진 것 같다. 우리도 일상에서 상대에게 연령대를 묻고 그 세대의 특징을 그에게 대입시켜 생각한다. 하지만 앞으로는 인터넷과 디지털 기술의 발달로 연령대에 따른 지식과 경험의 차이는 무너지고, 반대로 일정한 성향을 보이는 그룹들이 계속 재편성될 것이다. XYMZ 이렇게 다양한 종족 안에서 사용하는 언어도 달라지고 있다. 국어사전에 없는 신세대 말만 담은 사전이 있을 정도이다.

그러나 어느 조직이든 리더의 말하기는 늘 원칙이 있어야 한다. KD(꼰대)가 되라는 것이 아니다. 리더의 말하기는 모범이 되며 구성원들을 행동으로 이끌어야 한다. 말투와 복장은 달라질 수 있지만, 리더의 말하기에는 분명한 원칙이 있어야 한다.

●   리더의
                                        말하기 원칙

① 상호 존중하는 말하기를 한다

첫 번째 원칙, 리더는 철학을 담아 구성원과 동의하는 말하기를 해야 한다. 세계적인 커뮤니케이션 전문가 필 하킨스(Phil Harkins)는 『영향력 있는 대화의 원칙』에서 이렇게 말했다.

"요약하면 '영향력 있는 대화'의 기본 정의는 "공유된 신념과 감정을 가지고 있는 둘 이상의 사람 사이에 이루어지는 상호 작용을 시작으로, 원하는 것과 필요한 것에 대한 의견을 교환한 후 상호 간의 약속을 하고 행동으로 이어지는 '상호 작용'"이다. 그리

고 목표와 계획의 진전, 학습 공유, 관계 강화, 이 세 가지 결과물을 만들어낸다는 것이 '영향력 있는 대화'의 특징이다."

리더의 말하기는 늘 영향력을 가져야 한다. 그러려면 상호작용하는 말하기를 해야 한다.

대표적인 온라인 취미 플랫폼 '클래스101'은 효율적인 소통을 위해 직급과 관계없이 모두 반말을 사용한다. 94년생 대표가 94학번 부사장에게 반말을 하고, 94학번 부사장도 94년생 대표에게 반말을 한다. 직원들 간에 아이디어 자체를 군더더기 없이 자유롭게 전달하기 위해서라고 한다. 하지만 반말과 막말을 구분하며 영어 호칭을 사용하여 상호 존중하는 화법을 쓴다. 우연히 그 회사 직원들과 같이 엘리베이터를 탔을 때 '헨리, 라면 먹으러 갈래?', '다이안, 그럴까? 김밥도 먹자' 이렇게 친근하고 허물없이 대화하는 모습을 보았다. 대표의 프렌드 리더십과 직원들 간의 짧지만 강한 소통 덕분에 클래스101은 꾸준히 성장하고 있다. 무엇보다 실리콘밸리의 스타트업처럼 직원들과 대표가 한 방향을 보고 철학을 통일했다는 점이 더 큰 성장 가능성을 보여준다.

② 성숙한 말하기를 한다

두 번째 원칙, 리더는 성숙한 말하기를 해야 한다. 리더가 미숙한 말투를 쓰거나 나쁜 말 습관이 있는 경우가 있다. 예전에는 남자들이 '마~'라며 일본식 연결어를 써서 지적을 많이 받았었다. 그런데 요즘은 방송인들도 '뭐, 사진을 찍는다든지. 뭐, 녹음을 한다든지'라며 '뭐'라는 연결어를 참 많이 쓴다. 거기에 '그러니까는'을 '긍까는'이라고 하는 어린이 말투도 눈에 띈다. 사장이 "문팀장, 어떻게 하면 좋겠나?" 하고 물었는데 "예, 사장님. 긍까는 음 뭐…"라고 답한다면 정말 팀장답지 못한 말투라고 생각할 것이다.

킴 스콧(Kim Scott)의 『실리콘밸리의 팀장들』이란 책에 보면 페이스북 최고운영책임자 셰릴 샌드버그(Sheryl Sandberg)가 면접을 보면서 킴 스콧에게 이렇게 지적했다고 한다. '말을 할 때 '음'을 연발하는 건 멍청하게 들린다', '사소한 습관 때문에 손해를 볼 필요는 없다', '회사 비용으로 발성 전문가를 소개해주겠다'라고 말이다. 구글 입사 면접을 본 글로벌 인재가 유일하게 지적받은 것이 '음'이라는 나쁜 말 습관이었다.

이렇듯 리더의 못난 말하기는 회사나 조직에도 손해이다. 성숙한 말하기를 하려면, 먼저 자신의 말을 녹음해서 들어보아라.

느리고 낮게 문장 끝까지 말하라. 자신이 어린이 같이 말하고 있다고 느껴지면 손등을 꼬집어라. 이 3가지만 해도 리더의 말하기는 성숙해진다.

③ 직접 말하기로 진정성을 보인다

세 번째 원칙, 리더는 직접 말해보아야 한다. 얼마 전 미국의 월스트리트저널이 '한국과 일본은 읽기, 듣기 중심의 대학 입시를 치르지만, 중국은 말하기와 작문 중심의 시험을 보기 때문에 중국의 영어 능력이 급상승했다'는 취지의 기사를 발표했다. 의사소통의 중심은 말이고, 말은 해봐야 한다. 말하기는 읽기나 듣기에 비해 무척 능동적인 소통이다. 말(馬) 위에서 아무리 훈수를 두어도 말(言)은 늘지 않는다. 말(言)은 말(馬)에서 내려와 직접 뛰어야 좋아진다. 리더는 절대 말할 기회를 피해서는 안 된다. 말을 잘하는 게 무언지 알지만 실전에서 못한다고 자꾸 미루면 인터넷에서 수영법을 배우고 물에는 안 들어가는 것과 다를 바 없다.

더구나 리더가 직접 말하지 않으면 리더의 진정성은 결코 전해지지 않는다. 젊은 세대들은 '진정성'이란 단어를 좋아한다. 리더는 말하기에서도 진정성을 보여야 한다. 미국 버클리 경영

대학원의 테리 피어스(Terry Pearce)는 『세계 최고의 리더들은 어떻게 말하고 어떻게 다가가는가?』에서 진정성에 대해 이렇게 말했다.

"진정성 있는 커뮤니케이션이란 마음과 정신 그리고 자신과 타인(커뮤니케이션 대상) 간의 지속적인 어울림이자 교감 행위이다. 자신이 어떤 문제에 몰두하면 '거울 뉴런'의 신비한 기능 덕분에 그 몰두하는 모습을 지켜보는 타인도 그것에 몰두하게 된다. 자신이 변화에 대한 열정과 강한 신념으로 행동에 나서면 자신이 주장하는 변화의 메시지에 동조하여 타인도 역시 똑같은 열정과 신념으로 그 변화에 동참하게 된다."

구성원들을 이끌고 싶은 리더는 구성원 앞에서 직접 말하기로 진정성을 보여야 한다.

④ 진부한 말하기를 하지 않는다
네 번째 원칙, 구닥다리 말하기를 하지 말아야 한다.

| 말할 때는 쓸데없는 군더더기를 넣지 마라.

'여러분도 다 아시겠지만', '내가 이런 얘기를 해도 될지 모르겠지만'과 같은 관습적인 겸양어, '에, 저, 저기'와 같은 문장을 시작하는 상투어 등을 반복하지 마라. 리더가 군더더기 말을 반복하는 순간, 그는 더 이상 스마트하지 않은 구세대로 보인다. MZ세대의 집중도를 높이려면 쓸데없는 말을 과감히 다이어트하라.

| 본인이 생각해도 진부하다고 느끼는 말은 아예 하지 마라.

리더는 잡어(雜語)가 아닌 활어(活語)를 사용해야 한다. 지나간 시대의 표현(관용구나 사(死) 비유)을 삼가라. 예를 들면 '이대리 없는 우리 팀은 앙꼬 없는 찐빵'이란 표현을 사용하면 이대리는 묻는다. "앙꼬가 뭐예요?"

| 굳이 먼 사례를 가져다 쓰지 마라.

리더는 항상 무언가 멋진 사례를 인용하고 싶은 충동을 느낀다. 그러나 비록 함의가 크더라도 시대적, 지리적으로 너무 먼 사례는 리더를 엉뚱한 사람처럼 보이게 할 수 있다. 리더가 이순신 장군의 12척 배를 자주 인용하면 후배들은 생각한다. '팀장님은 이순신 장군이 아니잖아요?'

리더가 하지 말아야 할
말하기 원칙

① 캐묻지 않는다

첫째, 리더는 후배에게 너무 캐묻지 마라. 연세대 사회복지학과 송인한 교수가 한 일간지에 '추석을 망치는 대화의 기술'이라는 칼럼을 썼다. 가족이 모인 추석에 가족 간의 관계를 망치는 기술에 대한 칼럼이다. 송인한 교수는 추석을 망치는 대화의 기술로 '충고', '잘못된 위안', '꼬인 질문', '캐묻기' 등을 예로 들었다.

나도 무척 공감하는 내용이다. 어설픈 충고를 했다가 상대에게 결례를 범하거나, 위안을 한답시고 깊이 없이 말했다가 오히려 영혼 없는 위안이라고 핀잔을 들을 수도 있다. 꼬인 질문은 일 잘한 사람에게 '진작 좀 잘하지 그랬냐'와 같이 말하는 비난식 질문을 가리킨다. 이런 질문은 마음속이 비비 꼬여서 핀잔을 주는 질문이고, 감정만 상할 뿐이지 서로 얻는 게 없는 질문에 해당한다.

리더가 소위 '오지라퍼'가 되어 지나치게 꼬치꼬치 캐묻는 경우도 말 실점 포인트이다. 우리는 호구 조사부터 말을 시작하는 안 좋은 관습이 있다. 상대가 불편해하는 눈치를 보이면 '뭐

그거 하나 얘기하는 게 어렵냐'며 오히려 핀잔을 준다. 후배가 먼저 재잘재잘 얘기할 때까지 기다려라. 안 하면 묻지 마라. 그건 하기 싫다는 뜻이다.

② 대화 중 스마트폰을 보지 않는다

둘째, 리더는 후배가 말하는 동안 절대 스마트폰을 봐서는 안 된다. 세대를 불문하고 스마트폰은 손에서 놓을 수 없는 존재가 되었다. 그런데 이 스마트폰이야말로 말하는 사람과 듣는 사람 사이에 앉아 소통을 방해하는 훼방꾼이다. 전화기를 발명한 알렉산더 그레이엄 벨(Alexander Graham Bell)도 자신의 서재에 전화기를 두지 못하게 했다고 한다. 일하는 데 산만하게 한다는 이유였다. 상대의 말을 경청하려면 스마트폰을 무음으로 하고 잠시 주머니 속에 넣어두어라.

리더와 구성원은 결국 누가 '언어적 정렬(Linguistic Alignment)'을 해줄 것인가에 따라 소통이 잘될지가 결정된다. '언어적 정렬'이란 상대방이 원하는 단어에 말하는 사람이 단어 등을 맞추어주는 것을 말한다. 일반적으로 우위에 있는 사람들의 말에 아랫사람들이 단어를 맞추어 정렬한다. 하지만 만일 선배인 리더들이 우위임에도 불구하고 거꾸로 후배들에게 맞춰 앞의 원칙들처럼 언어를 정렬해준다면 후배들은 신나서 말을 할 것이다. 요즘 MZ세대들은 리더가 부드러운 빵 머핀(MUFIN) 같은 선배가 되어주길 바란다. 필자가 만든 용어인 MUFIN은 Moral(본받고 싶을 만큼 도덕적이고), Useful(후배에게 도움이 되며), Fun & Interesting(재미있고 흥미로운) 선배를 말한다. 말하기에도 늘 머핀을 대접하라.

> **"**
> **웅변가란 말을 할 줄 아는 덕이 있는 사람이다.**
> 대 카토(Marcus Porcius Cato), 로마 정치가
> **"**

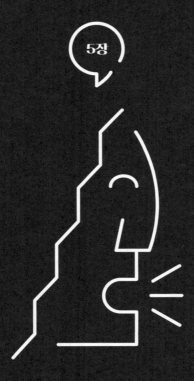

5장

원칙 ⑤
정제와 존중

나만의 스타일을 완성하는 말하기 원칙

...

여러 사람과 얘기하는 자리에서 내가 한 말을 모두가 기억해 주길 바라는 것은 과욕이다. 내 스타일 대로 중요한 점을 말했다면 그 시간이 1분이든 5분이든 중요하지 않다. 말하기에는 완성이 없다. 그래서 계속 궁리하면서 나만의 말하기 스타일을 만드는 것이 중요하다. 방송인이나 유튜버가 아니더라도 일상에서 내 말을 듣는 사람들을 의식하며 어떻게 유쾌하고 유익하게 말할 수 있을지 나만의 스타일을 찾아 반복해서 훈련하다 보면 누구든 뛰어난 '토크테이너'가 될 수 있다. 말의 분량에 욕심내지 마라. 말의 길이의 길고 짧음이 아니라 여러분이 하는 말의 파동에 욕심을 내어라.

01 | 말 잘하는 사람은 보이게 말한다

나는 초등학교 때 체격도 왜소한데다 마음도 여리고 내성적이어서 늘 위축되어 있었다. 초등학교 1학년 때 전학을 간 첫날 학교가 낯선 상태에서 친구들과 뛰어다니다가 학교 안에 있는 연못에 빠져 웃음거리가 되고 말았다(한동안 그 트라우마로 그 연못 근처는 가지도 못했다). 첫날부터 바보 같은 모습을 보이고, 운동도 잘 못 해서 체육 시간만 되면 배가 살살 아팠다. 노래도 잘 못 불러서 반 합창대회 때 노래 대신 북을 맡았지만, 박자 감각이 떨어져 음악 선생님께 혼도 많이 났다. 성적도 늘 하위권을 맴돌았다. 다른 친구들은 과외도 받고 레슨도 받았는데 나는 학교가 끝나면 집에 들어가 꼼짝도 하지 않았다. 수업 시간은 물론 학교 가는 것 자체가 괴롭고 힘들었다.

그런데 아이들 앞에서 하지 않고, 남들과 비교당하지도 않는 과목이 있었다. 선생님의 간섭도 덜했고, 결과물을 제출할 필요도 없는 미술 시간이었다. 내가 물감으로 무얼 그리든, 크레파스로 무얼 그리든 마음대로 할 수 있어서 미술 시간만 되면 마음이 평안했다. 내가 본 대로 그리고 느낀 대로 색을 칠하면 되었다. 미술에 재능은 없었지만, 그림을 그리는 것이 행복했다. 나에겐 타고난 재능도 있기는 했다. 나는 다른 아이들보다 조금 더 또박또박 조리 있게 말을 할 줄 알았다. 다른 친구들에 비해 조금 웃긴 얘기를 잘하기도 했다.

지금 떠올려보면 초등학교 때의 나는 그림 그리는 시간과 말을 하는 시간에 가장 마음이 편안했었다. 나는 내성적이고 체격은 왜소했지만, 입을 열어 말을 시작하면 애들도 재미있어했고 주변에 친구들이 모이기도 했다. 그리고 그림 그리는 동안만은 누구와 비교될 필요 없이 파란 하늘과 빨간 꽃들을 마구 그리며 내 마음을 표현할 수 있었다. 그런 경험 덕분에 나는 커뮤니케이션 전문가가 되면서 생각을 그림처럼 보이게 말하는 것에 흥미를 가지게 되었다. 그래서 오마이스쿨의 내 온라인 강연 제목도 '보이게 말하라'였다. 듣는 사람에게 여러분이 보이게, 여러분의 생각이 보이게, 여러분의 존재가 보이게 말하라는 의미였다.

　말은 입이 하고, 생각은 뇌가 한다. 그리고 뇌와 입 사이에는 손이 있다. 손은 비언어 도구로도 쓰이지만, 그림을 그리는 도구로도 사용된다. 생각을 먼저 그리고, 그린 것을 보면서 말하면 뇌에서 입으로 바로 나오는 말하기보다 종종 구체화되고 섬세해진다.

●　　　　　　　　　　　　　　　　　　시각적
　　　　　　　　　　　　　　　　소통의 효과

여러분이 그리지 못하는 것은 말하지 못하며 여러분이 말하지 못하는 것 역시 그릴 수 없다. 여러분의 좌뇌가 기억하고 표현하고자 하는 주제와 정보를 우뇌가 이미지화하여 그것을 입을 통해 말하면 그것이 바로 전뇌형 말하기가 된다. 특히 MZ세대는 텍스트보다 비주얼에 강하다. 여러분이 심상과 의견을 시각화할 수 있다면 그들과 소통하는 데 훨씬 도움이 된다.

온라인 취미 플랫폼 '클래스101'에 '문성후의 말하다'라는 온라인 강연이 업로드되어 있다. 그 강연에는 말을 잘하기 위한 방법의 하나로 무언가를 말로 묘사하기 전에 먼저 그림으로 묘사하는 연습을 하는 클래스가 있다. 내가 살고 싶은 집, 내가 몰고 싶은 차, 내가 가고 싶은 여행지, 내가 근무하고 싶은 사무실 등 내가 바라는 사물이나 풍경을 그려보는 것으로 수업은 시작된다. 실제로 펜과 노트를 이용해 2분 정도 그림을 그리고 난후, 자기가 그린 그림에 관해 설명해본다. 말하기 실력을 기르는 참 좋은 방법이다. 언제 어디를 가더라도 말문을 열 수 있는 말하기 비법이다.

아직 말을 잘 못 하는 어린아이였을 때 뭐가 갖고 싶다, 뭐 사달라고 하면 부모님은 그려보라고 했다. 또 여러분이 좋아하는 사람에게 마음을 표현하고 싶은데 글을 쓰지 못할 때는 그림을 그리고 하트나 별을 그려 넣어 애정을 표현했다. 이렇게 그림은 막강한 효과를 지니고 있다. 이건 어린아이 때만이 아니다.

예를 들면, 레오나르도 다빈치(Leonardo da Vinci)의 드로잉, 알렉산더 그레이엄 벨의 전화기 스케치, 토머스 에디슨(Thomas Edison)의 필라멘트 스케치 등을 보아라. 당시로써도 그 발명품들은 혁신적이고 창의적이어서 모방하거나 비유할 수 있는 것이 없었기에, 위대한 발명가와 대가들도 자기 생각을 그림으로 표현했다. 그리고 그 그림들을 결국 실천해냈다. 그릴 수 있었기에 말할 수 있었고, 말할 수 있었기에 만들 수 있었다. 이러한 '시각적 소통(Visual Communication)'은 복잡하고 추상적인 아이디어를 듣는 이들이 이해하기 쉽도록 스케치 등으로 구체화하고 명료하게 해준다.

'보이게 말하기'의 힘

보이게 말하는 방법은 세일즈에서도 위력을 발휘한다. 미국에서 '홍보의 달인'이라고 불리는 리웨이원(李偉文)의 『하버드 말하기 수업』에 이런 내용이 나온다.

미국의 어느 유명한 세일즈맨은 "스테이크를 팔지 말고 그릴을 팔라"는 말을 했다. 무슨 뜻일까? 고객에게 스테이크를 먹고 싶은 욕망을 일으키는 가장 간단한 방법은 소고기를 고객 앞에 꺼내 놓는 것이다. 그런데 고객이 참지 못하고 지갑을 열게 하는 더 교묘한 방법이 있을까? 당연히 있다. 바로 소고기를 '지글지글' 굽는 거부할 수 없는 소리를 들려주는 것이다. 고객은 소고기가 그릴 위에서 연기를 모락모락 피우며 맛있게 익는 장면을 상상한다.

이것이 바로 보이게 말하는 하나의 방법이다. 세일즈맨은 고객 앞에서 직접 소리를 들려주면 좋겠지만, 만약 그럴 수 없다면 고객에게 고기를 지글지글 구우며 가족들과 바비큐 파티를 하는 모습을 연상하도록 만들어 후각과 청각, 시각을 자극해 고기만이 아니라 그릴도 사게 만드는 것이다.

심지어 변호사도 '만화'로 변론을 한다. 법무법인 감우의 이영욱 변호사는 법정에서 '만화 변론'을 세 차례나 했다고 한다. 재판부에 사실관계를 제대로 설명하고 싶어서 100컷 정도의 만화로 그려 상황을 프레젠테이션했다. 사실관계가 복잡한 사기 사건을 만화로 변론하여 결국 2심에서 무죄를 받았다니 '보이게 말하기'는 법정에서도 여지없이 그 힘을 발휘했다.

말보다 그림이 뛰어날 수 있다는 실제 사례도 있다. 2007년 세계 연설대회 우승자인 비카스 고팔 징그란(Vikas Gopal Jhingran)이 쓴 『MIT 리더십센터 말하기 특강』에 스피치 전달력이 뛰어나지 못했던 전 미국 부통령 앨 고어(Al Gore)가 어떻게 지구 온난화에 관한 프레젠테이션을 성공시켰는지 나온다.

대선 당시 앨 고어가 열정이 없었던 것은 분명히 아니었다. 단지 유권자들과 친숙해지는 데 그리고 감정을 표현하는 데 어려움을 겪었을 뿐이다. 그러나 '불편한 진실' 프레젠테이션에서 그는 감정을 제대로 표현할 수 있는 스피치 수단을 찾아냈다. 그것은 바로 사진이었다. '불편한 진실' 프레젠테이션 슬라이드는 거의 사진으로 가득 차 있다. 따라서 누구나 그 내용을 보고 따라가기가 쉽다. 고어는 복잡한 수식을 없애는 대신, 수십 년 동안 진행된 지구 온난화로 극적으로 변한 자연의 모습을 사진을 통해 극명하게 대비시켰다. 빽빽한 수식과 글자가 아니라 이런 사진들 덕분에 청중은 지구 온난화 현상의 과학적 근거를 확신할 수 있었다.

대중 앞에서 말을 잘하는 사람의 3가지 요소

대중 앞에서 말을 잘하는 사람들은 3가지 요소, 즉 콘텐츠, 전달, 퍼포먼스가 뛰어나다. 우선 콘텐츠는 말 그대로 풍부하고 신선한 내용을 말한다. 전달은 어떻게 대중에게 내 말을 잘 전달할 것인가 하는 전달력이다. 그리고 퍼포먼스는 대중의 시선을 잡아끄는 기술을 가리킨다. 이 모든 과정에서 얼마나 보이게 말하는가가 그 승부를 가른다.

고급차 세일즈맨이 콘텐츠, 전달, 퍼포먼스를 잘 사용한 예가 있다. 보이게 말하는 것이 얼마나 중요한지 여러분들도 같이 상상해보라. 세일즈맨은 이렇게 시작한다. "여러분, 차를 사실 때 승차감을 참 중요하게 여기시죠? 그런데 고급차를 살 때는 '하차감'이 더 중요합니다"라며 고급차의 마케팅 포인트를 콘텐츠로 강조한다. 고급차를 소유한 사람이 누릴 수 있는 과시욕에 대해서 말이다.

그러고 나서 "좋은 차를 타고 호텔이나 고급 레스토랑에 갑니다. 그 차에서 내리는 사람이 서둘러 내려 뛰어가는 것을 보셨나요? 차 주인은 아주 천천히 여유롭게 내립니다. 그리고 천천히 걷습니다. 차와 자신이 사진 한 장에 들어 있는 것처럼 슬로우 모션으로 내립니다"라고 눈앞에서 상영 중인 영화의 한 장면을 흥미롭게 묘사하듯이 청중의 상상을 돕는 것이다.

그리고 퍼포먼스로 그렇게 천천히 여유롭게 내리는 운전자를 흉내 내며 차 문을 닫는 시늉을 하거나 키를 건네주는 연출을 하는 것이다. 이렇게 말을 들으면 고급차가 가지는 '하차감'이라는 콘텐츠가 보이게 전달되며 세일즈맨의 퍼포먼스로 시선이 집중된다. 언제 어디서든 이렇게 보이게 말하면 상대의 머릿속에 그림 한 장을 선물하는 것이다. 말을 보이게 하고 싶은가? 펜과 노트가 없어도 펜으로 그리듯 보이게 말하면 된다.

"

눈이 귀보다 더욱 믿을 만한 증인이다.

헤라클레이토스(Heraclitus), 고대 그리스 사상가

"

02 | 최적의 대안을 찾는
      협상을 하라

말하기의 목적은 이해, 설득, 동의이고, 그중 동의가 말하기의 최종 목적지이다. 우리는 동의라는 마지막 도착지까지 가기 위해 협상이라는 다리 하나를 건너야 한다. 상대를 이해시켜 설득했다고 해도 아직 같은 편에 서 있는 것은 아니다. 건너편에 서 있던 사람이 내 쪽으로 와서 서는 것이 바로 동의이고, 그 동의를 얻으려면 협상이라는 첨예한 말하기를 해야 한다. 동의를 얻고 나면 그다음부터는 언제든지 행동으로 옮길 수 있지만, 동의로 가는 길은 종종 고생스러운 비포장도로인 경우가 많다. 그 먼지 가득한 비포장도로를 뚫고 가야만 합의, 동의라는 종점에

도착할 수 있다.

●
타협과 협상의
다른 점

협상은 때로는 지루하고, 때로는 긴장되고, 때로는 화도 나고, 때로는 기쁨도 준다. 그런 협상에 들어가기 전에 아주 간단한 퀴즈 하나를 풀어보자. '타협'과 '협상'의 다른 점은 무엇일까? 타협(妥協)은 서로 좋은 게 좋은 거라고 생각하며 양보해서 협의하는 것이고, 협상(協商)은 어떤 목적을 향해 서로 논의해서 '1+1=3'이 되게 하는 말하기라는 점이다.

예를 들면, 여러분이 비행기 탑승 시간이 촉박해 공항으로 급히 차를 몰다가 앞차와 접촉사고가 났다고 하자. 여러분이 끼어들기를 하려다 앞차와 부딪친 상황이다. 이때 앞차에 탄 운전자가 목을 잡고 내린다면 여러분은 협상을 할 것인가, 타협을 할 것인가? 정답은 '타협'이다.

여러분은 오늘 그 비행기를 놓쳐서는 안 된다. 그러므로 앞차 운전자에게 전화번호를 알려주고, 사고 현장 사진을 찍은 후

부서진 차를 끌고 서둘러 가야 한다. 상대방도 처음에는 경찰을 부르거나 보험회사가 와야 보내주겠다고 하겠지만, 여러분이 급한 사정을 설명하니 현장 사진을 찍고 전화번호와 차 번호, 보험회사만 확인하고 보내주었다. 과실 비율을 따지고 사고 현장도 보존하고 싶지만, 서로 양보하고 타협했다. 둘은 공통의 대단한 목적도 없으며 1+1이 3이 된 것도 아니다. 그저 갈 길이 바쁘니 서로 양보하고 타협한 것이다.

실제 말하기에서는 열심히 타협해놓고, 그걸 열심히 협상했다고 하는 경우가 종종 있다. 협상은 서로 공통의 성과를 거두어 이전보다 플러스가 되는 것을 말한다. 협상은 늘 이전의 상황보다 나아져야 한다.

●   협상의 기본 질문
                                                    5가지

협상의 기본기는 무엇일까? 하버드 로스쿨의 로버트 누킨 (Robert Mnookin) 교수는 『말 한마디로 악마도 설득하는 하버드 협상의 기술』에서 협상의 기본 질문으로 다음과 같이 5가지를

원칙 ⑤ · 정제와 존중

제시했다.

① 관심사: 나의 관심사는 무엇인가? 상대방의 관심사는 무엇인가?

② 대안: 협상 말고 다른 대안은 무엇인가? 상대방의 대안은 무엇인가?

③ 협상의 잠재적 결과: 다른 대안에 비해 양측의 관심사를 모두 충족 시키는 잠재적 협상(혹은 협상들)이 있는가?

④ 비용: 협상에는 얼마의 비용이 들 것인가? 예상되는 유형자산 손실은 무엇인가? 돈과 시간? 평판에 미칠 악영향? 협상이 안 좋은 선례가 되리라는 사실?

⑤ 실행: 계약을 끝낼 경우, 합리적인 실행 가능성이 있는가?

● 최선의 대안을
찾는 협상

나는 오래전부터 국제 협상에 관한 강의를 해왔다. 협상 강의는 이론보다 실제 사례를 드는 게 효과적이므로 실제 예를 들어 협상에 관해 설명하겠다.

협상을 시작하기 전에 여러분이 원하는 바와 상대가 원하는 바를 정확하게 쓸수록 그 협상은 수월해진다. 다시 말해 제3자가 봐도 상대가 바라는 이익과 여러분이 바라는 이익이 명확하면 그 협상은 순탄하다. 예를 들어 회사는 여러분이 계속 근무하길 바라고, 여러분은 자유 시간을 원한다면 협상은 금방 타결된다. 회사는 여러분이 주5일 출근하지 않고 일부 재택근무를 허용하면 되고, 여러분은 재택근무를 하는 대신에 월급을 조금 덜 받으면 된다. 협상 전에 상대의 이익과 여러분의 이익을 나열해보아라. 만약 상대가 패를 다 안 펼치거나 반대로 여러분이 숨긴다면 그때부터 이 협상은 복잡한 게임이 된다.

다음으로 만약 협상을 안 하면 어떻게 될지를 생각하고, 그 경우의 대안을 준비해야 한다. 앞의 예에서 만약 협상을 하지 않는다면 여러분이 회사를 관두던지, 회사가 여러분을 포기하던지 둘 중에 하나이지만, 이것은 둘 다에게 손해이다. 여러분이 원하는 것은 조금의 자유 시간이고, 회사가 원하는 것은 여러분의 능력이기 때문이다. 그래서 둘은 결국 BATNA(Best Alternative To Negotiated Agreement) 즉, 최적의 대안을 찾을 것이다. 여러분과 회사 간의 최적의 대안, 예를 들면 주 3일은 출근하고 2일은 재택근무를 하는 방법이나 일주일에 26시간을 정해두고 회사에서 근무하는 방법과 같은 최적의 대안을 찾아

합의하면 BATNA는 충족된 것이다.

● 창의적인 대안이 탄생하는 성공적인 협상

협상에 묘(妙)가 있다. 그 최적의 대안이 협상 전보다 더욱 창의적이고 건설적이면 그 협상은 정말 성공한 것이다. 한쪽이 미처 생각지 못했던 대안을 제시해서 함께 윈윈이 되는 상황이다.

앞의 예에서 한 걸음 더 나아가보자. 여러분은 재택근무를 하게 되었고, 회사도 양해한 상황에서 여러분이 새로운 대안을 또 제시한다. 그간 받아온 급여를 낮추는 대신 다소 비용은 많이 들어도 여러분이 업무와 관련된 대학원을 다닐 수 있게 학비를 지원해달라고 했다고 하자. 회사 입장에서는 인건비 대신에 교육비로 처리하여 세금 혜택을 볼 수 있고, 또 업무와 관련된 교육을 받으면 여러분의 역량이 향상돼 회사에 더 크게 기여할 테니 신중히 생각할 것이다. 그리고 이번 시도가 직원들의 워라밸을 지키고 자기계발을 할 수 있는 좋은 선례가 된다고 생각하면 회사는 기꺼이 받아들일 것이다. 단순히 회사와 직원

간의 급여와 근무 시간 협상이 아니고, 서로 생각지 못한 '창의적 대안(Creative Alternative)'이 탄생했다.

나는 말하기에 감정을 담으라고 강조했다. 마른 바람만 나오는 건조기처럼 말하지 말고, 물도 있고 세제도 있는 세탁기처럼 적당히 말캉말캉하면서도 정제된 말을 해야 한다. 그런데 협상은 선풍기처럼 말해야 한다. 마냥 더운 바람만 나와서 서로 열 받는 말하기가 아니라 때에 따라서 선선한 미풍도 나오고 필요하다면 강풍도 나와야 한다. 그리고 그 바람은 언제나 늘 시원하게 불어 서로의 문제를 상쾌하게 해결해주는 말하기여야 한다. 그렇게 선선해야지 창의적 대안이 나온다. 협상의 바람은 '갈바람'이 좋다. 그래야 서로 열 받지 않고 새롭고 보탬이 되는 대안들이 쏟아져 나온다.

협상을 성공으로 이끄는 3E

나는 제20회 세계 지식 포럼에 연사로 참석한 하버드 로스쿨 협상 프로그램 설립자인 로버트 보돈(Robert Bordone) 교수의 세션도 듣고 티타임을 할 기회가 있었다. 그는 뛰어난 협상가가 되려면 3E를 잘 다루어야 한다고 강조했다. 3E는 자존심(Ego), 감정(Emotion), 확산(Escalation)의 앞글자를 딴 것이다.

보돈 교수는 그 자리에서 재미난 실험을 했다. 우리나라 오만원권 지폐를 경매에 부쳐 가장 비싼 가격을 부른 사람이 그 돈을 가져가는 게임이었다. 최고가는 6만 원이었다. 오만원권 지폐를 6만 원에 사겠다는 사람이 있었다. 보돈 교수는, 미국에서는 20불짜리를 600불에 사겠다는 사람도 있었다고 했다. 사람은 자존심의 동물이기 때문에 실제로는 타산이 안 맞는 이런 일을 저지르기도 한다는 것이다. 자존심과 감정을 잘 다루지 못하면 결국은 실패한 협상가가 된다. 또 보돈 교수는, 사람은 지나친 자신감 때문에 때때로 객관성을 잃어 협상이 교착상태에 빠지기도 한다고 지적했다.

우리나라 사람들은 종종 협상에 약하다는 말을 듣는다. 보돈 교수의 이론을 대입해보아도 틀린 말은 아니다. 우리는 서양인들보다 자존심과 감정을 잘 조절하지 못하는 면이 있다. 협상이 꼬이면 서양인들은 '사람은 사람이고 이슈는 이슈'라고 생각하고 임하는 반면에 우리는 상대가 무례하거나 무지하다고 여긴다. 그 때문에 자존심이나 감정이 상해 협상 테이블에서의 말하기를 멈추고 만다. 나는 서양인들과 협상할 때 그들을 동전을 넣으면 자동으로 물 한 통이 나오는 자판기라고 생각했다. 그래서 협상이 결렬되면 그저 내가 동전을 안 넣으니 그들도 물을 안 주는 것이라고 생각하면 되었다.

협상에서는 감정을 조절하며 냉철하게 끌어가는 말하기가 필요하다. 보돈 교수가 말한 '과도한 자신감'도 우리에게는 아킬레스건이다. 우리가 협상 테이블에서 호구가 되는 이유는 처음부터 너무 쉽게 'BAFO'를 내놓기 때문이다. 'BAFO'란 'Best And Final Offer'의 약자로 최선의 마지막 제안을 뜻한다. 쉽게 말하면 여러분이 '이게 최선입니다'라고 말하며 제시하는 마지막 제안이다.

그런데 우리는 '내가 이 정도 내어놓으면 상대도 숙이고 들어오겠지', 혹은 '내가 이 정도 성의를 보이면 상대도 양심껏 따라올 거야'라는 과도한 자신감에 BAFO를 Final이 아니라 First로 내놓을 때가 있다. 그러면 협상은 성공할까? 그렇지 않다. 상대는 거기서부터 협상을 시작한다. 협상에서 바보가 되지 않으려면 서둘지 마라. 감정 조절에 실패해 내뱉은 말은 협상의 기록으로 남거나 여러분을 열세로 모는 수가 있다. 협상은 이전보다 더 나은 결과를 내야 한다. 그러려면 늘 갈바람처럼 선선하게 협상을 끌고 가야 한다. BAFO는 맨 끝에 내놔야 BABO(바보)가 되지 않는다.

> ##
>
> ### 물 한 바가지보다 좋은 말이 불을 더 잘 끈다.
>
> 미겔 데 세르반테스(Miguel de Cervantes), 스페인 작가
>
> ,,

03 | 뒷담화에서 빠져나와라

미국 유학 생활을 할 당시 나는 담배를 피웠었다. 그때 외국인들이 늘 동그랗게 모여서 서로 마주 보며 담배를 피우는 한국 사람들의 흡연 습관을 신기해했었다. 서양 친구들은 마치 그 모습이 둘러앉아 담배를 피우는 인디언들과 비슷하다고 했다. 인종차별적인 표현일 수도 있겠지만, 나는 그 얘기를 듣고 계속 궁금했었다. 한국에 돌아와서 보니 담배를 피울 때 보면 동료 간에 '같이 담배 한 대 하자'고 불러서 피우고, 함께 모여서 피우고, 마주 보며 피우고, 심지어 담배를 피우기 전에 상대에게 먼저 권한다. 왜 담배는 혼자 피우기 싫을까?

나는 건강에 해로운 담배를 같이 피우는 행동이 공범 의식을 심어주며 나름의 사회적 연대감을 강화하는 도구의 역할을 하는 것이라고 생각한다. 특히 직장인들에게 흡연실은 온갖 정보 교류의 장이자 일상과 안부를 묻는 사랑방이다. 그래서 비흡연 직장인 중에는 직장 생활을 잘하려면 자기도 담배를 배워야겠다고 한탄하는 사람도 있었을 만큼 흡연 장소는 빅 데이터의 산실이었다. 나 역시도 금연을 시작하고부터 직장에서 심한 정보 고립을 느낀 적이 있다. 그 이유는 바로 흡연실 안에서 일어나는 뒷담화 때문이다. 흡연실은 보통 두세 사람이 남는 경우가 많고, 그런 상황에서 뒷담화가 많이 이루어진다. 물론 지금 이 시각 회식 자리에서도, 동료 간의 티타임에서도 뒷담화는 계속되고 있다.

●   뒷담화는
                                                    중독이다

뒷담화를 끊지 못하는 이유는 뒷담화가 가진 중독성 때문이다. 뒷담화는 앞담화보다 흥미롭고 재미있다. TV 프로그램 중에도

연예가 뒷얘기를 공개하는 프로그램이 있고, 토크쇼에 출연한 연예인들이 사적인 에피소드를 털어놓으면서 누군가의 험담을 할 때 시청자들이 재미있어하는 것만 보아도 뒷담화가 얼마나 즐거운지 알 수 있다. 서울대병원 정신건강의학과 윤대현 교수는 한 일간지에서 뒷담화는 사람의 본성이라고 말한 바 있다.

"뒷담화가 정서적 유대감과 연관된 것으로 알려진 호르몬 '옥시토신' 분비를 증가시킨다는 연구 결과도 있다. 타인과의 대화를 뒷담화, 뒷담화가 아닌 친밀한 대화, 일반 대화로 나누어 비교하니 모든 대화 때 스트레스 호르몬은 줄었으나 옥시토신은 뒷담화 시에만 증가했다고 한다."

윤대현 교수에 따르면, 뒷담화는 사회적 그루밍(Grooming·길들이기)으로 설명되기도 한다. 침팬지가 서로 털을 손질해주는 그루밍 말이다. 서양의 뒷담화(Backstabbing) 습관도 우리와 크게 다르지 않다.

그런데 인간의 본성, 재미, 그루밍이라고 하기에는 뒷담화의 당사자가 겪는 피해가 크다. 종종 억울한 루머에 휘말리기도 하고 왜곡된 정보, 특히 가짜뉴스로 누명을 쓸 때도 있다. 흔히 말하는 증권가 찌라시가 모두 뒷담화의 산물이고, 그 내용을 보면 언론에 정정당당하게 공개하지 못할 내용으로 가득 차 있다.

만약 앞에서 하지 못할 말이라면 뒤에서도 하지 말아야 한다. 뒷담화는 개인을 넘어 회사 차원에서도 팀워크를 해치고, 사내 갈등을 조장하는 등 부작용이 크다. 왜냐하면 뒷담화는 늘 악담이기 때문이다. 선행이나 칭찬은 뒷담화의 주제가 되는 일이 없다.

확대 재생산되는 뒷담화

직장 생활을 잘하려면 우선 나 자신부터 뒷담화의 대상이 되지 않아야 한다. 미국에서 유학 생활을 할 때 나는 부족한 리스닝 실력 때문에 나를 뒷담화하는 동료 학생들의 말을 제대로 알아듣지 못한 일이 있었다. 나는 쉽게 부를 수 있는 이름을 고민하다가 'Young Moon'이라는 영어 이름을 지었었는데 리스닝이 안 되니 정말 '영문'을 모르고 당한 셈이었다. 교포였던 후배가 그 뒷담화가 주로 내가 한 말에 대한 비아냥이었다는 사실을 알려주었다. 그 일이 있은 후 나는 그들이 나를 부를 때 한국 이름으로 정확하게 부르도록 했고, 흠 잡히지 않도록 확실하게 영어로 소통하려고 노력했다.

직장 생활에서도 알게 모르게 여러분의 뒷담화는 이루어지고 있다. 여러분이 평소에 하는 말이 뒷담화의 재료가 되지 않게 흠이 잡히지 않도록 말해야 한다. 여러분이 한 말은 편집되고 윤색되어 어느새 부메랑처럼 돌아온다. 언행 중에서 팩트 체크가 잘되는 행동은 사실이 아닌 경우 루머로 확산되지 않지만, 언(言) 즉 말은 확인이 안 되기 때문에 걷잡을 수 없이 확대 재생산된다. 그래서 구업(口業)을 짓지 말아야 한다. 말은 뒷담화에서 흠잡기 딱 좋은 먹잇감이기 때문이다.

●

뒷담화에서
빠져나오는 방법

① 목적 파악하기

문제는 다른 사람의 뒷담화를 하는 자리에 나도 모르게 함께 있을 때이다. 무심코 차 한 잔, 담배 한 대, 밥 한 끼, 술 한잔하러

갔는데 거기서 엄청나게 뒷담화가 쏟아지는 일이 있다. 동료나 고객 등을 재료로 뒷담화가 만발하는 경우이다. 이럴 때 어떻게 여러분은 이 뒷담화의 늪에서 건재하게 빠져나올 수 있을까?

먼저 이 뒷담화의 목적과 주제를 알아채는 게 중요하다. 뒷담화의 공범이 되는 경우는 종종 자신도 모르게 그 말의 흐름 속에 있다가 억울하게 휩쓸리는 경우가 많기 때문이다. 단지 일회성으로 누군가를 비난하고 자신이 신용을 얻으려는 뒷담화도 있고, 어떤 목표를 두고 여러 가지 이유를 들어 몰고 가는 뒷담화도 있다. 자신도 모르게 뒷담화에 끼게 되었다면 뒷담화의 내용은 차치하고, 뒷담화의 목적을 파악하는 것이 중요하다.

② 동조하지 않기

뒷담화의 주제는 두 가지로 나뉜다. 말하는 이가 직접 경험한 얘기 아니면 말하는 이와 관계없지만 들은 얘기이다. 이때 말하는 이가 들었다고 하는 경우가 종종 어떤 목표를 가지고 방향을 몰아가는 뒷담화이다.

우선 상대방이 직접 경험한 불쾌하거나 화나는 얘기인 경우부터 보자. 자신이 당한 일의 뒷담화를 하는 경우, 듣는 사람은 상대의 감정을 이해하는 모습을 보이는 것이 좋다. '그래, 섭섭

했겠네', '맘이 안 좋았겠다', '그래서 기분이 많이 상했어?' 등 말하는 사람이 느낀 감정을 인정해주어야 한다. 제3자가 없는 자리에서 그 사람에 대한 어설픈 옹호는 오히려 논쟁을 일으키고 다툼만 일어나게 된다. 일단 말하는 사람이 느꼈을 감정에 대해 이해하고 인정하는 모습을 보이자.

그렇지만 그 감정을 이해하되 동조해서는 안 된다. 감정을 이해하는 것과 감정에 동조하는 것은 다르다. 이해란 알아듣고 받아들이는 것이고, 동조란 남의 주장에 자기 의견을 일치시키거나 보조를 맞추는 것이다. 감정은 이해하되 그 감정에 휘말려서 뒷담화를 재생산하지 않도록 주의하자. 듣는 사람은 여러분을 우군이라고 생각하겠지만, 여러분은 자신이 경험하지 않은 일 때문에 그 자리에 없는 사람의 잠재적인 적군이 된다. 뒷담화는 약간의 동조일지라도 눈덩이처럼 커져 확대 재생산되기 때문에 사과를 하고 싶어도 이미 상황이 악화되어 사과하기 힘든 경우가 많다. 뒷담화를 하는 사람의 감정은 이해하되 동조는 삼가는 것이 좋다.

③ 반응하지 않기

한편, 말하는 이가 풍문으로 들은 뒷담화를 옮기는 경우라면 아무런 반응도 보이지 않는 것이 좋다. 뒷담화를 옮기는 사람은 어떤 얘기든 상대가 동조하길 바라고, 그렇게 동조 받은 에너지로 뒷담화를 더 크게 전파하는 경향이 있다. 상대와 관계없는 풍문 배달이라면 상대방의 말은 듣되 관여하지 말자. 이런 경우는 주로 복잡한 사내 정치의 산물로 뒷담화가 만들어지고 있는 일이 많기 때문이다.

심리학 용어로 '소멸(Extinction)'이라고 하는데 상대방의 말에 개입도 외면도 하지 않으면, 즉 큰 반응을 안 보이면 상대도 자신의 말에 흥미를 보이지 않는 사람에게는 말을 안 하게 된다. 뒷담화에 반응하지 않음으로써 상대가 제풀에 멈추도록 하는 것이 좋다. 뒷담화는 담배보다 더 나쁘다. 그 자리에 없는 사람도 피해를 보기 때문이다. 그래서 뒷담화에서의 말하기는 정말 중요하다.

●

잘 말하기로 현명한
관계 형성

말하기가 중요한 이유는 말하기가 바로 인간관계 그 자체이기 때문이다. 독일의 철학자 칼 야스퍼스(Karl Jaspers)는 '대화하는 능력이야말로 인간이 이룩한 최고의 업적이다'라고 했다. 동물과 달리 인간들은 대화를 통해 친구, 연인, 원수, 동료, 지인 등으로 분류되는 다양한 관계를 형성한다. 그리고 그러한 관계는 인간이 만나서 어떻게 말하기를 주고받는가에 달려있다. 한 시간의 대화가 오십 통의 편지보다 낫다는 말처럼 특히 얼굴을 마주하고 나누는 말하기는 그 자체가 관계 형성이다.

뒷담화 자리도 결국은 상대와 여러분의 관계 형성 자리이다. 뒷담화 자리에 있다고 해서 도망치듯 부리나케 일어나거나 투명 인간처럼 앉아 있을 필요는 없다. 오히려 상대의 감정도 이해했고 여러분의 입장도 명쾌해졌으니 상대가 느끼는 분노를 잘 조절해서 유쾌한 관계로 만들면 되는 것이다. 그러기 위해서 상대방이 느끼는 분노를 다르게 표현하고 분출하게 도와주자. 만약 그곳이 회식 자리라면 '자, 소주 한잔하고 털어버려'라든지, '커피 살게. 나가자'라든지, '이거 초콜릿인데 먹고 기분 풀어'라고 말하며 상대가 느끼는 섭섭한 감정을 다른 대상으로 유쾌하게 전환해주면 된다. 그러면 뒷담화를 한 사람은 감정을 이해받았다는 것을 느끼고 들어준 여러분에게 감사할 것이다.

"

훌륭한 도망은 인생 전체를 구한다.

피에르 드 부르데유 브랑톰(Pierre de Bourdeilles Brantome), 프랑스 작가

"

04 | 말실수를 했다면 그 자리에서 사과한다

우리가 생방송을 'On Air'라고 하듯이 말은 공기로 나오는 순간 생방이 되고 편집할 수 없다. 하지만 수습은 할 수 있다. 순간적으로 말실수를 하거나 이야기를 잘못하고 말았는데, 그때 그 자리에 계신 분의 이야기였거나 그분의 이름이라면 어떻게 할 것인가? 서둘러 칭찬으로 마무리하면 된다. 이를 '탈룰라(Tallulah)'라고 한다. 말실수를 덮고 더블로 가는 화법이다. 한번 내뱉은 말은 주워 담을 수 없지만, '탈룰라'처럼 닦을 수는 있다.

나는 2019년 초 국제경영원에서 교수로서 최우수 강연상을 받았다. 물론 나만 받은 것은 아니었지만,『축적의 길』을 쓴 이 정동 교수 등과 함께 수상 명단에 있었으니 꽤 뿌듯했다. 그런데 그 상은 내가 정말 강연을 잘해서 받은 상이라기보다는 강연 중에 크게 말실수를 안 해서 받은 상이 아닐까 생각했다(그렇다고 다른 분들이 말실수를 했다는 의미는 절대 아니다). 나는 말실수를 안 하려고 무척 노력하는 편이다. 오랫동안 강의를 해왔던 교수들과 달리 나는 강의를 시작한 지 얼마 안 되었고, 오랫동안 기업에 있으면서 진솔한 표현을 써왔기 때문에 실수하지 않으려고 노력했다.

●

말실수
안 하는 방법

① 모르는 것은 인정한다

첫 번째, 메타인지를 발휘해서 자신이 모르는 것은 모른다고 인정해야지 모르는 것을 아는 척 말하면 안 된다. 자신이 정확히 알지 못하는 것은 말하지 않아야 한다. 공자도 '아는 것은 안다고 하고, 모르는 것은 모른다고 하는 것이 진짜 아는 것이다'라고 말했듯이 모르는 것에 대해서는 말하면 안 된다.

내가 법학 대학에 재학 중일 때 지도 교수님은 수업 시간에 학생이 한 질문의 답을 모르면 '모르겠으니 다음 시간에 알려주지요'라고 자신 있게 말하곤 했다. 그러고는 그 수업이 끝나자마자 바로 연구실로 돌아가 학생의 질문에 대한 해답을 찾아 메모해뒀다가 다음 시간에 꼭 알려주었다. 그 교수님은 질문에 대해 모르면 모른다고 했지 아는 척 무성의하게 답하는 일이 없었다. 반드시 답을 찾아보고 다음 시간에 꼭 알려주었다. 질문했던 학생이 결석하는 경우에도 말이다.

미국 유타대학교의 엘리자베스 테니(Elizabeth Tenney) 교수 등의 연구에 따르면, 사람들은 내용을 정확하게 모를 때에는 그 내용을 자신 있게 말하는 사람을 믿는다고 한다. 그런데 만약 그 내용이 틀리면 애초부터 자신 없게 말한 사람보다 자신 있게 말한 사람의 신뢰는 더 떨어진다. 답이 틀렸을 경우 처음부터 자신 없이 말했던 사람은 그렇지 않은 사람에 비해 신뢰도가 떨어지는 게 좀 덜하다는 연구 결과이다.

모르는 것을 오히려 자신 있게 말하면 되돌릴 수 없는 말실수를 하게 된다는 것을 기억하자. 어떤 이들은 모를수록 더 씩씩하게 말하라고 하는데 그 순간은 벗어날 수 있을지 모르지만,

결국 '틀린 말을 용감하게 하는 사람'으로 회자된다. 기대가 크면 실망도 큰 법이다. 말하기 전에 사실을 확인하고, 여러분이 말할 내용이 정확하다고 확신했을 때 말하라. 말은 여러분의 신뢰와 직결된다.

② 타인을 폄하하지 않는다

실언을 막는 두 번째 방법은 다른 사람을 말로 깎아내리지 않는 것이다. 여러 사람 앞에서 남을 깎아내리는 유머를 사용하지 마라. 타인을 대상으로, 특히 외모나 신상을 유머의 소재로 사용하면 타인을 모욕하는 일이 발생한다. 그 자리에 있든 없든 누군가를 조롱하면 듣는 사람들은 남을 폄하하는 여러분도 함께 평가한다는 것을 잊어서는 안 된다. 남에 대해서는 칭찬하든지 아니면 침묵하라. 남을 유머의 대상으로 입에 올리지 않는 습관을 들여야 한다. 그렇지 않으면 의도하지 않게 적을 만들 수도 있다.

유머의 대상이 필요할 때는 차라리 내가 지닌 결함, 내가 했던 실수, 내가 몰랐던 사실 등 자신의 결점을 농담거리로 삼아라. 그러면 적어도 누군가에게 사과할 일은 없다. 누군가를 이야기의 소재로 할 때는 그 사람이 지금 내 앞에 앉아 있다고 생각하고 말해야 한다. 다른 사람에 관한 이야기는 늘 조심하라. 찰흙이 도자기를 만들 듯, 말은 인간관계를 만들기 때문이다.

말실수를 했다면
그 자리에서 사과한다

어떤 이유에서든지 말실수를 했다면 어떻게 대처해야 할까? 여러분은 그 자리에서 즉시 사과하고 양해를 구한 다음 해명을 해야 한다. 요즘은 무슨 말을 하든 항상 기록될 수 있고 공개될 수 있다. 그리고 '언어감수성'이 예민해져서 무심코 한 말이 사회적으로 문제가 되는 경우도 허다하다. '바보'라는 말도 방송에서는 비속어로 분류된다. 언어감수성을 높여서 사전에 실언을 차단하면 제일 좋지만, 만약 의도치 않게 실언을 했다면 그 자리에서 즉시 사과하는 게 가장 현명하다. 데일 카네기(Dale Carnegie)는 『인간관계론』에서 '당신이 틀렸다면 빨리, 분명히 인정하라'고 말했다. 그리고 그는 다음과 같이 설명하며 빠른 사과의 중요성을 강조했다.

"어차피 비판을 받을 수밖에 없는 처지라면, 다른 사람보다 먼저 스스로를 비판하는 게 훨씬 낫지 않을까? 전혀 모르는 사람의 입에서 나오는 비난을 듣느니 자기 자신의 비판을 듣는 게 훨씬 쉽지 않을까? 다른 사람이 말할 기회를 잡기 전에 그 사람이 생각할 수 있는, 말하고 싶은, 혹은 말할 것 같은 모든 비난을 스스로에게 쏟아부어라. 그러면 그 사람은 김이 빠지게 될 것이고, 아마도 열에 아홉은 너그러이 용서하는 태도를 취하며 당신의 잘못을 최소한으로 줄여 생각할 것이다."

심리학에 '게인 로스 효과(Gain-Loss Effect)'라고 있다. 첫인상보다 나중의 이미지가 나아지면 오히려 더 호감을 느끼게 되는 현상이다. '볼수록 매력'이 바로 수확(Gain)이라면 반대로 첫인상은 멋졌는데 길거리에 침을 뱉는 모습을 보이면 오히려 손실(Loss)이라는 말이다. 이런 맥락에서 만약 말실수를 했다면 얼른 사과하는 게 수확이다. 그 자리에서 마음을 다해 곧바로 사과하면 설사 말실수를 했더라도 수확이 될 수 있다.

말실수에 어떻게 대처하느냐, 어떻게 사과하느냐에서도 말하는 사람의 품격이 드러난다. 어영부영 어물쩍 넘기려고 하면 듣는 이는 실망하며 여러분을 비호감이라고 느낄 것이다. 그리고 만약 사과의 말도 없이 그 자리를 벗어난다면 여러분은 그 사람과 같은 장소에서 말할 기회를 영원히 잃게 된다. 그곳에서 바로 수정하지 않으면 여러분이 한 말은 마음대로 자라나서 떠돌아다닐 것이다.

● 좋은 사과의
6가지 요소

사과는 어떻게 해야 할까? 미국 오하이오주립대학교 로이 레위키(Roy Lewicki) 교수는 '좋은 사과'의 6가지 요소를 다음과 같이 풀어서 설명했다.

① 후회를 표현하고
② 무엇을 잘못했는지 설명하고
③ 책임을 인정하며
④ 뉘우침을 표명하고
⑤ 개선을 약속한 후
⑥ 다시 한번 용서를 구하는 말이다

말 한 번 잘못했다고 뭐 이렇게까지 구구절절 설명해야 하나 생각할 수도 있지만, 무성의한 사과(謝過)는 썩은 사과(Apple)와 같아서 상대는 아예 먹으려고 하지도 않을 것이다. 그렇다면 6가지 요소를 다 넣어서 간단한 사과문을 만들어보자.

① 내가 괜한 말을 했다

② 그렇게 네 자존심이 상하는 말을 하면 안 되는데

③ 내가 잘못했어

④ 진심으로 미안해

⑤ 이런 실수는 다시 안 할 테니

⑥ 용서해줘

사과를 할 때는 차근차근해야 한다. 그래야 상대방이 그 사과(Apple)를 먹는다. 이 구조는 긴 사과문도 짧은 사과문도 마찬가지이다. 물론 말실수에 대한 사과는 태도, 즉 비언어도 무척 중요하다. 죄송하다고 말할 때는 시선을 낮추고 손을 모으는 등 비언어를 함께 쓰는 것이 좋다.

말실수를 주워 담는 양해, 동의, 해명

사과를 했다면 이제 상대에게서 깔끔히 말실수를 닦아야 한다. 양해, 동의, 해명으로 말실수를 닦을 수 있다. 양해(諒解)는 예외적인 경우에 한하여 허락을 구하는 것이고, 동의(同意)는 반대하지 않음을 확인하는 것이며, 해명(解明)은 본인의 입장에서 설명하여 오해를 푸는 것이다.

- 양해: 좀 더 귀에 들어오는 예를 들려다보니 지나친 예를 든 점에 대해서 양해를 구합니다.
- 동의: 모든 경우가 그렇지는 않습니다. 하지만 가끔 그런 경우가 있다는 점은 여러분도 동의하실 겁니다.
- 해명: 제가 이 부분을 잘 몰라서 그 내용에 대해 무지했습니다.

사과를 한 후에는 이런 식으로 말실수를 한 번 더 깔끔하게 닦아야 한다.

직장에서 저지른
말실수 대처법

직장에서 말실수를 했다면 어떻게 해야 할까? 말실수는 이미 엎질러진 물이지만, 더 번지기 전에 빨리 닦는 게 좋다. 실수가 더 큰 실수를 만드는 일도 있기 때문에 직장에서의 말실수는 늘 최소화하는 게 중요하다. 또 회사와 상사는 직원이 말실수에 어떻게 대처하는지를 지켜본다. 직원의 임기응변이나 순발력을 보기 위해서이다. 그래서 말실수를 한 후에 여러분이 어떻게 해결하느냐가 위기 탈출을 좌우한다.

말실수 대처에는 자진 신고와 즉각 정정이 가장 중요하다. 예를 들어 잘못된 수치를 보고했다면 숨기거나 거짓말로 변명하지 말고 진솔하게 인정하고 즉시 수정하거나 정정할 방법을 찾는 것이 가장 좋다. 직장은 문제를 해결하는 직원(Problem Solver)을 좋아한다.

그래서 말실수를 했다면 당장 죄송함을 표현하는 것만큼 문제를 해결하는 능력과 아이디어도 필요하다. 예를 들어 여러분이 무심코 내뱉은 한마디 때문에 거래처가 회사의 상황을 오해하는 문제가 발생했다면 상사에게 보고하고 그 문제를 어떻게 원상으로 회복시킬지도 같이 말해야 한다.

종종 실수에 대해서 지나치게 죄송하다, 미안하다만 반복하는 경우가 있는데 그렇게 해서는 절반의 해결밖에 안 된다. 직장에서의 말실수라는 상황은 이미 혼란을 야기했기 때문에 사과하고 해결하는 말하기는 명료해야 한다. 말투와 표정은 죄송하지만, 사과와 해결책은 명료하게 하자.

"

변명은 잘못보다 더 나쁘다.

조지 워싱턴(George Washington), 미국 정치가

"

05 | 나만의 스타일로 말한다

미국의 래리 킹(Larry King)은 1957년 라디오 진행자로 방송을 시작해서 50년이 넘도록 토크쇼를 진행해온 '토크쇼의 제왕', '대화의 신'이다. 나의 꿈은 한국의 '래리 킹'이 되는 것이다. 래리 킹은 그저 대화만으로도 사람들을 즐겁고 재미있게 할 수 있다는 것을 보여준 앵커이다. 한국의 방송 시스템상 〈래리 킹 라이브〉처럼 생방송으로 자유롭게 토크쇼를 할 수는 없지만, 기회가 된다면 시청자들이 궁금해하는 사람들과 진정성을 가지고 대화를 주고받는 〈문성후 라이브〉를 하는 것이 내 꿈이다.

말 잘하는 사람의
8가지 습관

래리 킹처럼 말을 잘하는 사람은 도대체 어떤 비결이 있을까?
래리 킹은 『대화의 신』에서 말 잘하는 사람들의 8가지 습관에
대해서 이렇게 말했다.

① 말을 잘하는 사람들은 익숙한 주제에 대해 다른 시각을 가지고 예
  상하지 못하는 포인트에 대해 말한다.

② 말을 잘하는 사람들은 넓은 시야를 가지고 있다. 그들은 자신의 일
  상을 넘어서 늘 이슈와 경험에 대해 생각하고 말한다.

③ 말을 잘하는 사람들은 당신이 그들에게 말을 하는 그 순간, 그들도
  자신들의 삶과 흥미에 대해서 무엇을 하고 있는지도 열정적으로 설
  명한다.

④ 말을 잘하는 사람들은 온종일 자기 자신에 대해서만 말하지 않는다.

⑤ 말을 잘하는 사람들은 호기심이 많다. 그들은 '왜'라고 묻는다. 그들
  은 당신이 말을 하는 주제에 대해 더 알고 싶어 한다.

⑥ 말을 잘하는 사람들은 공감을 잘한다. 그들은 당신이 말하고 있는
  그 상황에 자기 자신도 공감하려고 노력한다.

⑦ 말을 잘하는 사람들은 유머 감각이 있다. 그리고 자기 자신을 농담 거리로 삼는 것에 개의치 않는다. 사실 최고의 대화가는 종종 자기 자신에 대한 스토리를 말한다.

⑧ 말을 잘하는 사람들은 자기 자신만의 말하는 스타일이 있다.

래리 킹은 대화를 잘하는 사람을 '대화가(Conversationalist)' 라고 했지만, 나는 말한다는 뜻의 토크(Talk)와 사람들을 즐겁게 해주는 엔터테이너(Entertainer)를 합쳐서 '토크테이너(Talktainer)'라고 부르고 싶다. 말을 잘한다는 것은 상대의 이야기를 존중하고 동시에 나를 드러내는 것이다. 그때 중요한 점은 그 대화는 다른 사람이 보고 듣기에도 즐거워야 한다는 점이다. 그래서 유머 감각과 호기심이 필요하다.

●
토크테이너의
기본 조건

① 유머
토크테이너의 기본 조건은 '유머, 다른 시각, 자신만의 스타일'

이다. 나는 래리 킹의 8가지 습관을 내가 6개월간 패널로 출연했던 TV 경제 토크쇼에서도 활용하려고 노력했다. 처음 출연 제의를 받았을 때는 TV에 출연한 경험도 없고, 주제도 무척 엣지 있는 내용들이라 어떻게 해야 할지 정말 막막했다. 패널도 두세 명 정도가 함께여서 자연히 내가 말하는 분량도 적지 않았다.

방송을 하려니 나만의 캐릭터가 필요했다. 어떻게 캐릭터를 잡고, 어떤 톤으로 말을 끌고 갈지 정해야 했다. 나는 아주 진지한 지식인이 될지, 아니면 유머러스한 전문가가 될지 고심한 끝에 후자를 택했다. 그 이유는 우선 내가 유머를 좋아하고, 유머를 잘 구사하는 사람을 좋아하기 때문이다. 그래서 래리 킹의 8가지 습관 중 하나인 유머러스한 캐릭터를 택한 것이다. 지금도 유튜브에서 방송 중인 나를 찾아보면 '망가지기 위해 참 노력했구나'라는 생각이 드는 장면들이 있다. 유튜브의 '잠실 처돌이 문박사' 같은 게 그렇다.

유머는 대화의 방향과 수준을 부드럽게 바꿔준다. 대화가 지루하거나 너무 긴장되면 분위기를 바꿔주고, 너무 심각한 분위기에서는 '사인(Sign)'의 역할도 한다. 또 어떤 문제를 접했을 때 그 문제를 객관적으로 볼 수 있도록 감정을 분리해주기도 한다.

유머는 정말 중요한 말하기 요소이고, 학문적으로도 입증되었음을 확인할 수 있는 몇 가지 자료가 있다.

유머는 친밀감을 키우고 관계를 발전시키는 데 매우 도움이 된다. 우정과 매력의 기반으로서, 유머는 세 가지 매력적인 요소를 가진다. 유머를 구사하는 사람은, 첫째는 아주 유쾌하고 같이 있으면 재미있고 무언가 보상을 주는 사람으로 보이며, 둘째는 친근하며 다른 사람들과 기꺼이 가까워지려는 센스 있는 사람으로 보이며, 셋째는 다른 사람들로부터 호감에 관한 사회적 승인을 얻는 사람으로 보인다.

유머는 유머를 구사하는 사람이 사회적으로 승인을 획득하게 한다. 사실 웃음은 유쾌한 경험이다. 그래서 여러분이 다른 사람을 웃게 만들면 그 사람은 여러분을 긍정적인 사람으로 인식하고, 여러분이 가진 시각에 대해 더욱 호의적으로 보게 된다.

사람들은 유머를 사용하면 그 사람을 더 좋아한다. 구직자가 청중 앞에서 짧은 강의를 하면서 유머를 사용하면 더 좋은 점수를 받는다는 연구 결과도 있다.

학술 논문을 보아도 유머는 확실히 강력한 말하기 도구이자 인간관계의 기반이라는 사실을 알 수 있다. 심리학적으로도 유머 덕분에 '유쾌 체험(Experience of Happiness)'을 경험한 사람의 뇌는 그 경험을 더 잘 기억하고 좋은 인상을 받는다. 그렇게 '연상의 원리(Principle of Association)'가 작동해서 유쾌한 기억을 가진 사람은 유머러스한 사람을 유쾌한 사람으로 연상하고 기억해서 먼저 연락해 만나려고 한다. 이렇게 유머는 네트워킹의 가장 기본적인 방법이기도 하다. 그래서 말하기에서는 유머 감각이 무척 중요하다.

② 다른 시각

유머를 준비하는 것 외에 또 하나 노력한 것이 있다. 나는 작가들이 써주는 대본 외에 다른 시각으로 이슈를 보려고 노력했다. 방송 대본에 써진 대로 읽지 않고, 거기에 내 생각을 담으려고 공부를 많이 했다. 그래서 작가들이 나를 '다섯 번째 작가'라는 애칭으로 부르곤 했다.

사람들은 뻔한 것을 좋아하지 않는다. 맞고 틀리고가 아니라 같은가 다른가에 더욱 관심을 갖는다. 익숙한 주제라도 다른 시각과 경험으로 다른 얘기를 하면 그 말하기 자체가 무척 흥미로워진다.

4시간가량 녹화를 하기 위해 평균 2~3일을 준비했다. 관련된 내용들을 다 찾아보고, 세미나도 찾아서 듣고, 참고가 될 만한 내용이 있으면 작가들과 연락해서 보내주곤 했다. 몸은 힘들었지만 남과 다른 시각으로 보려던 나의 노력이 조금이나마 힘을 보탠 덕분인지 내가 합류한 후 이전 시즌보다 프로그램 시청률이 상승했다.

③ 자신만의 스타일

내가 래리 킹의 8가지 습관 중 특히 많이 활용했던 것은 '나만의 말하기 스타일'이었다. 말을 잘하는 사람들은 여러 가지 스타일이 있다. 묵직하고 설득력 있게 말하거나, 빠른 논조로 속사포처럼 쏘거나 아니면 잔잔한데 물 흐르듯 울림 있게 말하는 등 여러 스타일이 있다.

나는 그중에서 확신을 가지고 자신 있게 말하는 스타일을 택했다. 물론 그러려면 내가 말하는 내용에 정말로 확신과 자신이 있어야 했기에 사전 학습이 많이 필요했다. 학교나 연구소에 소속되어 있지 않았던 내가 첨예한 경영, 경제 이슈에 매번 전문가가 되는 방법은 매회 주제마다 깊이 공부하고 그 내용을 어떻게 전달할지 연습하는 수밖에 없었다. 그래서 공부한 내용이 자연스럽게 입에 붙도록 거울을 보고 연습도 많이 하고, 어느 포인트를 강조하고 어느 포인트에서 유머를 쓸지도 궁리하고 메모했다.

나만의 말하기 스타일이 점점 자리를 잡아가면서 나는 그전에 비해 방송 분량을 욕심내지 않게 되었다. 아무래도 방송을 처음 하게 되면 그만큼 더 노출되고 싶고, 화면에 더 나오고 싶고, 내가 한 말들은 최대한 편집되지 않고 나왔으면 좋겠다는 욕심을 부린다. 그런데 나만의 말하기 스타일을 가지게 되자 나답게 편하게 말하고 나서는 프로그램에 맞게 편집하도록 두어도 마음속에 불편함이 없었다.

여러 사람과 얘기하는 자리에서 내가 한 말을 모두가 기억해주길 바라는 것은 과욕이다. 내 스타일 대로 중요한 점을 말했다면 그 시간이 1분이든 5분이든 중요하지 않다. 말하기에는 완성이 없다. 그래서 계속 궁리하면서 나만의 말하기 스타일을 만드는 것이 중요하다.

짧은 방송 출연 경험이었지만, 말을 할 때는 나도 상대도 즐겁고 유익하고 존중을 주고받아야 한다는 점을 배운 좋은 기회였다. 특히 나만의 스타일을 찾았고, 내가 하고 싶은 말을 열정적으로 하는 훈련도 되었다. 방송인이나 유튜버가 아니더라도 일상에서 내 말을 듣는 사람들을 의식하며 어떻게 유쾌하고 유익하게 말할 수 있을지 나만의 스타일을 찾아 반복해서 훈련하다 보면 누구든 뛰어난 '토크테이너'가 될 수 있다. 말의 분량에 욕심내지 마라. 말의 길이의 길고 짧음이 아니라 여러분이 하는 말의 파동에 욕심을 내어라.

"

**불꽃처럼 타오르는 말이 있는가 하면
비처럼 내려오는 말도 있다.**

마리 다굴(Marie d'Agoult), 프랑스 백작부인

"

당신만의 말하기 원칙을 만들어야 한다

지식에도 종류가 있다. 지식이긴 하지만 묻혀있는 지식을 암묵지(Implicit Knowledge)라고 한다. 그 암묵지가 기록으로 남고 공유되면 그때부터 형식지(Explicit Knowledge)가 된다. 어머니만 아는 레시피가 암묵지이고, 유명 셰프가 쓴 요리책이 형식지인 것이다. 이처럼 말을 잘하는 방법도 지식이다. 그런데 말을 잘하는 사람들은 말하는 방법을 대부분 본인만의 노하우로 가지고 있어서 암묵지로만 남아 있는 것이다.

물론 지난 10년간 말을 잘하는 방법에 관한 책이 나오기 시작하면서 다양한 형식지들이 제시되긴 했다. 하지만 형식지가 많은 만큼 잘못된 내용 또한 꽤 많이 보인다. 면접을 본 적도 없는 사람이 면접관이 되어 면접 요령을 가르쳐주는 것처럼 막상 본인들은 말하기의 암묵지를 가지고 있지 않은데 그것들을 형식지인 책으로 남기려다 보니 무리수를 둔 것이다. 내 주변을 보아도 정작 말을 잘하는 사람들은 여전히 암묵지로 가지고 있을 뿐 책으로 남긴 사람은 거의 없었다.

우리가 이러한 상황에 머물러 있는 동안, 말하기는 중요한 커뮤니케이션 방식으로 무척 광범위하고 심도 있게 발전되었다. 그에 맞춰 동서양의 말하기, 일상과 직장의 말하기, 세대 간의 말하기처럼 말하기의 종류도 다양해졌다. SNS의 발달 또한 말하기를 더 복잡하게 만든 한 가지 원인으로 볼 수 있다.

사실 누구와도 통하는 말하기의 원칙은 백 년 전부터 존재했다. 말을 잘한다는 것은 유려하게 입만 움직이는 게 아니다. 나의 말을 듣는 상대를 이해하고 배려하고 존중하는 것이 바로 변치 않는 말하기의 원칙이다. 말을 하기 이전에 그런 마음과 생각이 바탕이 되어야 한다. 그래서 단순히 말 스킬이나 테크닉이 아니라 여러분이 어떤 생각과 마음을 가지느냐가 중요하다. 말을 거꾸로 타고 들어가면 결국 그 사람의 생각과 마음에 도달하기 때문이다.

그리고 정말 말을 잘하고 싶다면 여러분의 생각과 마음을 담아 한 말을 실천하는 것이 가장 좋은 방법이다. 그렇게 실천한 말이 바로 여러분의 말이다. 예를 들어 여러분이 상대를 존중하는 모습을 보이고 싶다면 실제로 상대를 존중하고 말하고 행동해야 한다. 말로만 '플리즈'를 붙이고 마음속으로는 '당연히 들어주겠지'라고 생각하면 그 말하기는 오래 못 간다. 이미 마음은 다른 말을 하고 있기 때문이다. 마음과 말, 그리고 행동이 합쳐져야 말하기는 완성된다.

직원들에게 행복 경영을 강조한 교육기업 휴넷의 조영탁 대표는 말을 행동으로 실천하기 위해 고객행복센터(콜센터)에서 100일 동안 근무했다고 한다. 이렇게 사람의 말은 행동으로 다시 굳혀진다. 그러면서 사람들이 다른 사람에게 가장 얻고 싶어 하는 것, 바로 '신뢰'가 생긴다.

간디(Mahatma Gandhi)의 좌우명은 '내 삶이 곧 내 메시지(My life is my message)'였다. 자신이 전하고 싶은 대로 행동했다. 비폭력을 외치면서 자신도 비폭력으로 인도의 독립을 실현했다. 마음에서 말로, 말에서 행동으로 옮기는 습관이 생기면 실행하지 못할 말은 하지 않게 된다. 행동할 수 있는 말을 하는 것이 진짜 말하기이다. 허언(虛言)이 쌓이면 구업(口業)이 된다는 것을 잊지 말자.

앞으로 일상과 업무를 통해서 접하게 된 좋은 말들을 기록하라. 그리고 그 말을 암기하고 적절한 상황에서 반복해 인용하라. 또 여러분의 생각과 마음에 좋은 영향을 주는 한마디, 명언, 속담, 격언도 기록하고 인용하라. 이렇게 여러분이 즐겨 사용하는 좋은 말들이 일정량 축적되고 인용에 능숙해지면 반드시 나만의 '캐치프레이즈'나 '좌우명', '신념어'를 만들어 사용하라. 그러면 자연스레 여러분의 행동이 그 말을 따라가게 된다.

생각과 마음, 말, 행동은 언제나 고리를 만들어 순환한다. 만일 행동이 잘못되었다면 자신이 한 말부터 되돌아보라. 혹시 말이 잘못되었다면 나의 생각과 마음을 돌이켜보라. 생각과 마음, 말, 행동은 늘 같은 줄에 서 있다. 그래서 항상 이 모두를 바른 줄에 세워야 한다. 그러면 여러분의 말하기는 강한 힘을 가지게 된다.

이 책을 통해 말하기를 형식지로 정리하는 것이 나의 몫이었다면 말하기를 실천하는 것은 이 글을 읽는 여러분의 몫이다. 말하기는 형식지를 넘어서서 '실용지(Practical Knowledge)'이다. 정주영 회장은 '참다운 지식은 직접 부딪혀 체험으로 얻는 것이며, 그래야만 가치를 제대로 아는 것이다'라고 말했다. 말하기도 형식지를 활용해서 실용적인 지식으로 체화해야 하는 지식이다.

　나의 말하기 원칙이 틀렸을 수도 있다. 그러면 그 원칙을 수정해서 여러분만의 원칙으로 만들면 된다. 이 책은 나의 말하기 노트를 정리해서 공개했다. 여러분도 오늘부터 말하기 노트를 만들어 자신만의 말하기 원칙을 적기를 권한다. 파스칼(Pascal)이 말했듯 원칙은 일반적인 관례 안에, 모든 사람의 눈앞에 있다. 자신만의 말하기 노트가 완성되면 그 노트가 바로 여러분이 읽을 다음의 '말하기 원칙'이 될 것이다.

논문

- Vollman K. M, 2005, "Enhancing Presentation Skills for the Advanced Practice Nurse: Strategies for Success", AACN clinical issues, 16(1)

- Erin Meyer, 『The Culture Map(INTL ED)』: Decoding How People Think, Lead, and Get Things Done Across Cultures

- Oppenheimer, Daniel M., 2006, "Consequences Of Erudite Vernacular Utilized Irrespective Of Necessity: Problems With Using Long Words Needlessly", Applied Cognitive Psychology, 20(2)

- LaFrance M, 1992, "Gender and interruptions: Individual Infraction or Violation of the Social Order?", Psychology Of Women Quarterly, 16(4)

- Burgoon, Judee K, And Others, 1990, "Nonverbal Behaviors, Persuasion, and Credibility", Human Communication Research, 17(1)

- Beebe, L. M., Takahashi, T., & Uliss-Weltz, R., 1990, "Pragmatic transfer in ESL refusals. In Developing Communicative Competence in a Second Language"

- Judith C. Brown, Kara Gardner, and Daniel J. Levitin, "Multimodal Communications and Effective Communication", Minerva School

- Tenney Elizabeth R, Spellman Barbara A, MacCoun Robert J, 2008, "The benefits of knowing what you know (and what you don't): How calibration affects credibility", Journal of Experimental Social Psychology, 44(5)

- Roy J. Lewicki, Beth Polin, Robert B. Lount, 2016, "An Exploration of the Structure of Effective Apologies", Negotiation and Conflict Management Research, 9(2)
- Giles, H., Bourhis, R.Y., Gadfield, N.J., Davies, G.J., & Davies, A.P., 1976, "Cognitive aspects of humour in social interaction"
- David R. Mettee, Edward S. Hrelec, Paul C. Wilkens, 1971, "Humor as an interpersonal asset and liability", The Journal of Social Psychology, 85(1)

단행본

- 시부야 쇼조, 『심리학 용어 도감』, 김소영 옮김, 성안북스, 2017
- 스기마야 에미코, 『처음 시작하는 외모심리학』, 홍성민 옮김, 우듬지, 2019
- 모리스 말루, 『라루스 세계 명언 대사전』, 연숙진, 김수영 옮김, 보누스, 2016
- Owen Hargie, 『The handbook of communication skills』, 2006

인터넷 자료

- "Why Your Brain Loves Good Storytelling", https://hbr.org, 2014년 10월 28일

신문 기사

- 문광수, "리더의 폭력적 말-행동, 직원건강에 악영향", DBR(동아비즈니스 리뷰) 280호
- 최인준, "AI, 오늘은 목소리가 밝네", 조선일보, 2019년 11월 29일
- 신성식, "이국종의 고백 '나는 항상 우울하다, 그래도 그냥 버틴다", 중앙일보, 2019년 10월 28일

KI신서 9050

문성후 박사의 말하기 원칙

1판 1쇄 인쇄 2020년 4월 14일
1판 2쇄 발행 2022년 6월 24일

지은이 문성후
펴낸이 김영곤
펴낸곳 ㈜북이십일 21세기북스

디자인 [★]규 **감수** 감동헌
출판마케팅영업본부 본부장 민안기
출판영업팀 이광호 최명열
제작팀 이영민 권경민

출판등록 2000년 5월 6일 제406-2003-061호
주소 (10881) 경기도 파주시 회동길 201 (문발동)
대표전화 031-955-2100 **팩스** 031-955-2151 **이메일** book21@book21.co.kr

㈜북이십일 경계를 허무는 콘텐츠 리더

21세기북스 채널에서 도서 정보와 다양한 영상자료, 이벤트를 만나세요!
페이스북 facebook.com/jiinpill21   **포스트** post.naver.com/21c_editors
인스타그램 instagram.com/jiinpill21   **홈페이지** www.book21.com
유튜브 youtube.com/book21pub
서울대 가지 않아도 들을 수 있는 **명강**의! 〈서가명강〉
유튜브, 네이버, 팟캐스트에서 '서가명강'을 검색해보세요!

ⓒ 문성후, 2020
ISBN 978-89-509-8732-9 03190